주님의 지상명령

성경적 의미와 적용

세계복음화문제연구소

(The World Evangelization Research Center)는
한국 교회가 세계 복음화를 위하여
한 모퉁이를 담당해야 된다는 사명으로 사역하고 있습니다.

이 도서에 실린 모든 내용은
세계복음화문제연구소의
도서출판 세 복 이 그 출판권 자이므로,
학문적 논문의 인용을 제외하고는
본 연구소의 동의 없이 복제할 수 없습니다.

주님의 지상명령 성경적 의미와 적용

지 은 이	홍성철
발 행 인	홍성철
초판 1쇄	2004년 12월 15일
초판 3쇄	2025년 4월 10일
발 행 처	**도서출판 세 복**
주 소	경기도 파주시 문발로 123
	Tel. 070-4069-5562
	홈페이지: http://www.saebok.kr
	E-Mail: werchelper@daum.net
등록번호	제1-1800호 (1994년 10월 29일)
총 판 처	솔라피데출판유통
	Tel (031) 992-8691 Fax (031) 955-4433
I S B N	89-86424-78-2 03230

값 14,000원

주님의 지상명령

성경적 의미와 적용

홍성철 지음

도서출판 세 복

The Great Commission

Its Biblical Meaning and Application

John Sung-Chul Hong

목차

들어가는 말

예수 그리스도가 인류의 구원을 위하여 십자가 위에서 죽으신
지 삼 일이 지났다. 그 날 먼동이 트기 시작할 때 그분은 죽음의
장벽을 깨뜨리고 다시 살아나셨다. 우리 주 예수 그리스도의 부
활은 그분 자신에게도 적잖은 의미를 부여하였다. 첫째는 그분이
인류의 구세주라는 사실을 확인한 것이었다. 둘째는 그분이 하나
님의 아들로 실증(實證)되었다는 것이다 (롬 1:4). 셋째는 그분에
게는 이제부터 땅과 하늘에 있는 모든 것을 다스릴 수 있는 권세
가 주어졌다는 것이다 (마 28:18).

예수 그리스도의 부활의 사건은 인류에게도 여러 가지 중요한
의미를 주었다. 첫째 의미는 인간이 그토록 괴로워하던 죄의 굴레
에서 벗어날 수 있는 길이 열렸다는 것이다. 둘째는 그것이 죄의
필연적인 결과인 죽음과 심판으로부터 인간이 해방될 수 있다는
복된 소식이었다는 것이다. 셋째는 인간에게도 죽음을 넘어 부활
의 소망이 생겼다는 것이다. 따라서 그분의 대속적 죽음과 부활을
받아들인 사람들은 이처럼 엄청난 특권들을 누리게 된 것이다.

그러나 이런 부활의 공동체는 그런 특권들—죄의 용서, 심판

으로부터 해방, 부활의 소망—을 누리고만 있을 수 없었다. 그들은 여전히 죄와 죽음의 올가미에서 버둥대는 많은 사람들에게 유일한 해결책이신 예수 그리스도를 전하지 않으면 안 되었다. 그렇다면 부활의 공동체는 그런 복음 전파에 몰입(沒入)하고 있었는가? 물론 아니다! 그 공동체는 한편 자신들의 왜소감(矮小感)에 사로 잡혀서, 또 한편 그들을 둘러싸고 있는 주변의 광대함에 눌려서 전전긍긍하고 있었다.

바로 그때, 부활하신 주님은 그들에게 몇 번씩이나 다가가서 한편 그들을 끌어올리시고, 또 한편 모든 장애물을 극복할 수 있는 성령의 능력을 약속하셨다. 그렇게 하신 목적은 두말할 필요도 없이 그 부활의 공동체가 복음 전파에 매진(邁進)하게 하기 위함이었다. 물론 복음 전파의 대상은 모든 인간이었는데, 그 까닭은 주님의 죽음과 부활이 모든 사람을 위한 역사이기 때문이다 (롬 4:25).

주님이 이처럼 부활의 공동체를 만나서 부탁하신 말씀을 지상명령이라 부른다. 지상명령의 내용은 한 마디로 하면, 모든 사람에게 복된 소식, 곧 그리스도의 죽음과 부활의 메시지를 전하라는 것이었다. 그리고 마침내 모든 사람이 그 복음을 듣게 될 때 그들의 임무는 완성될 것이며, 그 때에 주님은 세상에 다시 오셔서 하나님의 나라를 이루실 것이다 (마 24:14). 결국, 우리 주 예수 그리스도는 하나님의 나라를 건설하시기 위해 이 세상에 오셨고, 그리고 그 나라를 위하여 죽음과 부활이라는 관문을 통과하셨다.

그렇다면 이런 하나님의 나라는 예수 그리스도가 처음으로 말씀하셨는가? 그렇지 않다! 하나님이 첫 인간을 창조하실 때부터 이미 하나님의 나라는 함축적으로 언급되었다. 하나님은 첫 인간들에게 이렇게 말씀하셨다. "생육하고 번성하여 땅에 충만하라"(창 1:28). 이 말씀은 하나님의 형상을 닮은 사람들로 이 세상에 가득하게 하라는 명령이었다. 물론 그 방법은 재생산(reproduction)과 번식(multiplication)을 통해서였다.

이런 원리는 주님이 주신 지상명령에도 고스란히 담겨져 있다. 전도라는 재생산을 통해, 그리고 제자화라는 번식을 통해 예수 그리스도를 닮은 사람들을 이 세상에 가득하게 하라는 명령이 바로 지상명령이다. 물론 이처럼 엄청난 사역을 부활의 공동체는 자신의 방법과 힘만으로는 일구어낼 수 없었다. 그런 이유 때문에 주님은 그들에게 성령의 임재(presence)와 능력(power)을 약속하셨다. 그들이 신실하게 순종하기만 하면 나머지는 주님이 이루시겠다는 약속이었다.

그렇다면 이 세상에 주님을 닮아가는 사람들로 가득 채우라는 명령의 내용을 자세히 살펴보는 것은 의미 있는 일임에 틀림없다. 여기에 본서의 의의가 있다. 본서는 그 동안 자주 인용되지만 그 깊이 있는 의미가 간과되는 주님의 지상명령을 차례로 연구할 것이다. 성경에 게재된 순서를 따르지 않고 부활하신 주님이 제자들을 만나신 순서대로 제시할 것이다. 그렇게 할 때 비로소 우리 주님이 왜 같은 명령을 다섯 번씩이나 반복해서 주셨는지가 분명해지기 때문이다.

한 마디로 말해서, 우리 주님은 명령을 점진적으로 확대하셨다. 처음에는 열등의식에 사로잡힌 제자들을 위로하고 회복시키시면서 명령을 주셨다. 그들이 회복되어가면서 주님은 명령을 구체적으로 설명하셨으며, 동시에 복음 전파의 대상을 온 세상으로 확장하셨다. 그리고 이미 위에서 언급했듯이, 주님은 그 명령을 삶의 현장에서 이루시는 분은 다름 아닌 성령이심을 강조하셨다.

본서는 이처럼 주님이 제자들에게 주신 지상명령 다섯 곳을 살펴본 후, 마지막으로 출애굽기에 기록된 말씀을 추가할 것이다. 그 이유는 세계를 복음화해야 한다는 주님의 뜻은 신약성경의 가르침만이 아니라는 사실을 드러내기 위해서이다. 이미 창세기에 함축되어 있는 그런 명령이 출애굽기에서 제법 구체적으로 묘사되고 있다는 사실을 제시함으로, 신구약 성경 전체가 하나님 나라의 건설에 초점이 맞추어 있다는 것을 드러내기 위함이다.

본서를 읽는 독자도 반복적으로 주어진 지상명령의 의의와 내용을 보다 깊이 인지(認知)하는 계기가 되었으면 좋겠다. 그뿐 아니라, 주님의 지상명령을 조건 없이 받아들이고 순종하여 이 땅에 전도와 제자훈련의 역사가 보다 더 활성화되기를 바라는 마음도 크다. 그 결과, 예수 그리스도를 닮아가는 그리스도인들이 많아져서 어두움과 혼돈의 사회가 조금씩이나마 변화되기를 기대한다.

주후 2004년 11월

홍 성 철

$\boxed{1}$

"너희를 보내노라"

"너희를 보내노라"

$$\boxed{1}$$

"너희를 보내노라"

(요한복음 20:19-23)

들어가면서

예수 그리스도는 십자가에서 죽은 지 삼 일 만에 다시 살아나신 후 잠시 이 세상에 머무셨다. 그런데 그 짧은 40일 동안 그리스도는 십자가의 사건 이전과는 다른 분으로 나타나셨다. 물론 부활하신 예수 그리스도는 그 전과 같은 분이었으나, 사역의 방식에서 전혀 다른 모습을 보여 주셨다.

십자가의 사건 이전에 그분은 산상수훈을 비롯하여 많은 천국의 비밀들을 가르치셨다. 그러나 부활 후 그분은 어떤 특별한 것도 가르치지 않으셨다. 십자가의 사건 이전에 그분은 수없이 많은 기적들을 행하셨으나, 부활 후에는 어떤 특별한 기적도 행하지 않으셨다.[1] 십자가의 사건 이전에 그분은 많은 사람들을 만

---

[1] 부활의 그리스도는 누가복음에서 두 제자와 대화 후 갑자기 사라진 경우와 요한복음에서 모든 문들이 다 잠겨 있는 방으로 아무 문제 없이 들어

나면서 그들의 여러 가지 필요를 채워 주셨다. 그러나 부활 후의 그리스도는 집중적으로 그분을 따르는 사람들을 만나셨는데, 그 가운데서도 특히 열한 제자를 주로 만나셨다.

그러면 예수 그리스도가 부활 후 이처럼 다른 양상(樣相)으로 그의 삶과 사역을 드러내신 이유는 무엇인가? 특히 제자들을 집중적으로 만나신 이유는 무엇인가? 그 이유는 다음과 같이 세 가지로 요약될 수 있을 것이다. 첫째 이유는 제자들과의 관계 회복을 위함이었다. 예수 그리스도가 이 세상에 오신 목적은 세상의 구원이었다 (요 1:9-13, 3:16, 4:42, 8:12, 17:20-21). 그리고 그 구속적(救贖的) 사역을 위하여 그분은 십자가 위에서 죽으시고 또 사흘 만에 다시 부활하셨다. 그러나 그분은 얼마 지나지 않아 세상을 떠나 하나님 곁으로 가실 예정이었다.

그렇다면 세상의 구원이라는 중요한 사역은 누가 감당할 것인가? 그것은 두말할 필요도 없이 그분을 따르던 제자들의 몫이었다. 그러나 그 제자들은 예수 그리스도를 부인하기도 하고, 버리기도 하면서 뿔뿔이 흩어졌었다. 그런 까닭에 세상의 복음화를 담당할 제자들의 신앙은 물론 관계를 회복시키는 일은 그리스도에게 이루 말할 수 없이 중요한 사역이었다. 부활의 그리스도는 그 목적을 위하여 짧은 기간 중 제자들을 집중적으로 만나셨다.

부활의 그리스도가 그 짧은 기간에 주로 제자들만을 만나신 둘째 이유는 자신의 정체성을 알려 주기 위함이었다. 세상의 복

오신 경우가 있다 (눅 24:31; 요 20:19, 26 참조). 그러나 그것들은 귀신을 쫓아내며, 죽은 자를 살리는 기적과는 전혀 다른 것들이다.

음화를 맡게 될 제자들은 복음의 주체이신 예수 그리스도를 확실히 알아야 할 필요가 있었다. 그렇지 않다면 어떻게 제자들이 신명(身命)을 바쳐서 그분을 세상의 구세주로 선포할 수 있었겠는가? 이런 정체성의 재확인을 위하여 그분은 열 번이나 제자들을 만나셨던 것이다.

부활의 그리스도가 제자들에게 자신의 정체성을 알려 주시고, 그 결과 제자들로부터 그분이 누구인지를 신앙적으로 고백하게 한 대표적인 사례는 역시 도마일 것이다. 그는 부활의 그리스도가 열 명의 제자들에게 나타나셨을 때 그 자리에 없었다. 그리고 그는 다른 제자들이 부활의 그리스도를 만나보았다는 증거를 믿지 못하였다.

제자들이 그리스도의 부활에 대하여 설왕설래(說往說來)하고 있는 바로 그 곳에, 그리스도는 다시 나타나셨다. 그분을 직접 보고 또 만져본 도마는 마침내 이런 고백을 하였다. "나의 주시며, 나의 하나님이시니이다" (요 20:28). 이 고백은 부활하신 예수 그리스도에 대한 새로운 정체성의 고백이었다. 그 결과 도마를 비롯한 모든 제자들은 죽음의 장벽을 뚫고, 부활하신 예수 그리스도의 주되심을 온 천하에 담대하게 전하게 되었다.[2]

예수 그리스도가 부활하신 후 제자들을 집중적으로 만나신 셋째 이유는 그들에게 세계 복음화의 사명을 승계(承繼)시키기 위함이었다. 부활의 그리스도가 제자들의 신앙과 관계를 회복시키

---

2) 바울 사도는 예수 그리스도가 부활하심으로 모든 사람들의 주가 되셨다고 선언하였다. 빌립보서 2:11을 보라.

시고, 한발 더 나아가서 자신의 정체성을 새롭게 보여 주신 것은 분명한 목적을 위해서였다. 그 목적은 그분이 바로 이 세상에 오신 목적이기도 했는데, 바로 세상의 구원이었다.

예수 그리스도는 세상의 구원을 위하여 필요한 초석(礎石)을 놓으셨다. 그것은 바로 그분의 죽음과 부활이었다. 그분은 모든 사람이 받을 죽음과 심판을 대신하여 십자가 위에서 죽으셨다. 그리고 모든 사람의 칭의(稱義)와 능력의 삶을 위하여 다시 살아나셨다(롬 1:4, 4:25). 그러나 승천하실 예수 그리스도는 당신을 대신해서 그 놀라운 소식을 전해 줄 매개자(媒介者)들이 필요했는데, 그 매개자들은 바로 제자들이었다. 그런 이유 때문에 부활의 그리스도는 제자들을 집중적으로 그리고 반복적으로 만나 주셨다.

예수 그리스도가 승천하시기 전에 제자들에게 강조점을 달리하면서 주신 지상명령은 모두 다섯 가지로, 사복음서와 사도행전에 각각 기록되었다.[3] 그러나 그 가운데서 부활하신 바로 그 날에 주신 명령, 그러니까 그리스도가 제자들에게 최초로 주신 지상명령은 요한복음에 기록된 것이다. 물론, 예수 그리스도는 이미 다른 사람들에게 부활의 몸을 나타내신 적이 있었다.

요한복음에 의하면, 예수 그리스도는 베드로와 요한, 막달라 마리아와 마리아 등 여러 사람들에게 그분의 몸을 보이신 바 있었다. 그러나 그런 만남은 순전히 개인적인 것으로, 어떤 명령이나 약속이 수반(隨伴)된 것은 아니었다. 그런 이유 때문에 명령과 약속이

---

3) 다섯 가지의 지상명령을 대조적으로 보려면 다음을 참고할 수 있다: El- mer L. Towns 편집, *A Practical Encyclopedia: Evangelism and Church Growth* (Ventura, CA: Regal Books, 1995), 251-54.

수반된 지상명령은 예수 그리스도가 제자들을 그룹으로 만나서 처음으로 주신 명령과 약속에서 찾아야 한다. 그러면 그 지상명령은 무엇인지, 그리고 그 의미는 어떤 것인지 차례로 살펴보자.

> 이 날 곧 안식 후 첫날 저녁 때에 제자들이 유대인들을 두려워하여 모인 곳의 문들을 닫았더니; 예수께서 오사 가운데 서서 이르시되, "너희에게 평강이 있을지어다." 이 말씀을 하시고 손과 옆구리를 보이시니, 제자들이 주를 보고 기뻐하더라. 예수께서 또 이르시되, "너희에게 평강이 있을지어다; 아버지께서 나를 보내신 것 같이 나도 너희를 보내노라." 이 말씀을 하시고 그들을 향하사 숨을 내쉬며 이르시되, "성령을 받으라. 너희가 누구의 죄든지 사하면 사하여질 것이요, 누구의 죄든지 그대로 두면 그대로 있으리라" 하시니라.
>
> 요한복음 20:19-23

위에 인용된 지상명령에서 다음과 같은 네 가지의 주제를 찾을 수 있을 것이다: 1) 회복, 2) 파송, 3) 능력, 4) 용서. 이런 주제들을 차례로 살펴보면 요한복음에 기록된 지상명령의 의미를 보다 확실하게 이해할 수 있을 것이다.

본문을 열면서

1. 회복

방 안에 숨어 있는 제자들의 문제는 두 가지였다: 첫 번째 문제는 유대인들에 대한 두려움이었고, 두 번째 문제는 예수 그리스도의 부활에 대한 의심이었다.[4) 제자들은 그런 두려움과 의심 때문에 문들을 닫고 있었다. 그런데 제자들이 유대인들을 두려워한 것은 어떤 의미에서 당연한 것이었다. 유대인들은 제자들의 주님이신 예수 그리스도를 십자가에 처형시키는 데 성공하였다. 유대인들은 이제 예수님의 가까운 동반자들일 뿐 아니라 사도들인 제자들을 미워하고 죽일지도 모르는 일이었다.[5)

제자들은 두려움과 부활에 대한 의심 때문에 혼돈 가운데 빠져 있었다. 그들은 사람들로부터 예수 그리스도가 부활하신 모습을 보았다고 증거하는 이야기들을 듣게 되었다. 막달라 마리아가 부활하신 예수 그리스도를 보았다고 하면서 그분의 말씀을 전하였다 (요 20:18). 엠마오로 가던 두 제자도 부활하신 그리스도를 보았다고 증거하였다 (눅 24:35). 일곱 귀신 들렸던 마리아도 부활의 주님을 보았다고 증거하였다 (막 16:9-10). 여러 여자들도 제자들에게 동시에 부활하신 예수 그리스도를 보았다고 증거하였다 (눅 24:10). 그러나 제자들은 그들의 증거를 믿을 수 없었다 (막 16:11, 눅 24:11). 그들은 믿기는커녕 오히려 더 깊은 회의(懷疑)에 빠져서 문들을 닫고, 예수 그리스도의 부활에 관하여 왈가왈부(曰可曰否)하고 있었다.

---

4) 본문에서 "두려움"은 명시적(明示的)으로 나타났으나, "의심"은 20절에서 암시적(暗示的)으로 나타났다. "의심"을 보다 명시적으로 표시한 지상명령은 마태복음 28:17과 마가복음 16:14이다.

5) G. Michael Cocoris, *Evangelism: A Biblical Approach* (Chicago: Moody Press, 1984), 37.

바로 그 때 예수 그리스도가 그들 가운데 임하셔서 이렇게 말씀하셨다. "너희에게 평강이 있을지어다!" *평강*은 유대인들 사이에 있는 일반적인 인사말이기도 하다. 그러나 부활하신 그리스도 예수가 두려움과 의심에 휩싸여 있는 제자들에게 하신 말씀은 평범한 인사 이상의 의미를 내포하고 있다. 그것은 그리스도를 버리고 도망간 제자들의 죄의식을 제거시켜 주는 용서의 선포였다.[6]

예수 그리스도는 무엇을 근거로 용서의 선포를 함축한 *평강*을 선포하셨는가? 그 근거는 십자가상의 죽음이었다. 바울 사도는 "그의 십자가의 피로 *화평*을 이루셨다"고 분명히 언급하였다 (골 1:20). 다시 말해서, 그것은 예수 그리스도로 말미암아 향유하는 *화평*이다 (롬 5:1). 제임스 보이스(James Boice)는 그의 『주석적 요한복음』에서 이렇게 표현했다: "이것은 십자가에서 예수님이 당하신 고통으로 인하여 산 평화입니다....따라서 그리스도의 십자가를 통해서 화평을 이루셨습니다."[7]

그러나 부활하신 예수 그리스도가 "너희에게 평강이 있을지어다"라고 말씀하신 것은 죄의식의 문제만을 해결한 것은 아니었다. 제자들은 그분의 부활에 대하여 의심하고 있었다. *평강*이라는 그리스도의 선포는 그들의 의심마저 제거시키고도 남음이 있었다. 영국의 석학(碩學) 존 스토트(John R. W. Stott)는 요한복음

---

6) J. A. 벵겔, 『벵겔 신약주석 요한복음』(하), 서문강 역 (서울: 도서출판 로고스, 1992), 121.

7) 제임스 몽고메리 보이스, 『요한복음 강해』(V), 서문강 옮김 (경기: 도서출판 쉴만한물가, 1989), 413-14.

에 세시된 "지상명령"을 해석하면서, 제자들의 죄의식은 예수님
의 죽음이라는 사건을 통하여, 그리고 그들의 의심은 그리스도의
부활이라는 역사를 통하여 해결되었다고 선언하였다.[8]

　주님과의 관계 회복은 제자들에게 무엇보다도 먼저 해결되어
야 할 과제였다. 그렇지 않으면 그들이 어떻게 그리스도 예수를
대신하여 세상의 구원에 매진(邁進)할 수 있겠는가? 그리고 관계
회복을 위하여 죄의식과 의심의 제거는 절대적으로 필요한 것이
었다. 그런 이유 때문에 예수 그리스도는 부활하신 후 제자들에
게 제일 먼저 *평강*을 선언하셨던 것이다.

　만일 그들이 예수님을 부인하고, 예수님을 십자가에 홀로 버
렸다는 죄의식 속에서 계속 산다면, 어떻게 죄의 용서를 위한 대
속적(代贖的) 죽음을 선포할 수 있겠는가? 그리고 만일 그들이 그
리스도의 부활에 대한 의심을 제거하지 못한다면, 어떻게 그분의
부활을 담대히 선포할 수 있겠는가?

　예수 그리스도는 *평강*의 선언과 함께 그 *평강*의 근거인 그분
의 죽음과 부활을 실증(實證)하셨다. 그 실증의 행위가 바로 "손과
옆구리"를 보여 주신 것이었다. "손과 옆구리"는 바로 그분이 "그
들을 위하여 죽으셨고, 또 그들을 위하여 죽으신 분이 다시 살아
나셨다는 가시적(可視的)이고도 실체적(實體的)인 증거였다."[9] "손

---

8) John R. W. Stott, "The Great Commission," *One Race, One Gospel, One Task*, 제1권, Carl F. H. Henry & W. Stanley Mooneyham 편집 (Minneapolis, MN: World Wide Publications, 1967), 38-39.

9) Ibid., 38. 누가는 "손과 옆구리" 대신에 "손과 발"로 묘사하였다. 어쩌면 요한은 "피와 물"이 나온 "옆구리"를 묘사하면서 "물"을 강조하려고 했는

과 옆구리"는 "그들의 평강을 값 주고 산 비싼 대가였다....다시
말해서, 뚫린 손과 뚫린 마음을 통하여 얻은 평강이었다."10)

부활하신 예수 그리스도의 구두적(口頭的) 선언과 가시적 실증
은 제자들로부터 어떤 반응을 일으켰는가? 성경은 그들의 반응
을 이렇게 기록하고 있다: "제자들이 주를 보고 기뻐하더라." 제
자들의 이 반응에서 다음과 같은 두 가지를 찾을 수 있다. 첫째,
그들은 십자가에서 죽으시고 다시 사신 예수 그리스도가 바로
그들의 주님이라는 사실을 깨닫게 되었다. 그들은 더 이상 예수
그리스도가 그들이 그토록 바라던 유대의 회복을 위한 한 나라
의 왕이 아니라, 죽음과 심판의 장벽을 깨뜨리신 거룩한 주님이
신 것을 보게 되었다.11) 다시 말해서, 제자들은 예수 그리스도
의 새로운 정체성을 깨닫게 되었다—비록 그분이 동일한 분이지
만 말이다.

둘째, 제자들은 *기쁨*을 되찾았다. 그들은 모든 것을 버리고 삼
년이나 따랐던 예수 그리스도가 처참하게 십자가에서 처형을 당
하시자 모든 희망을 잃게 되었었다. 낙담하고 근심하던 그들에게

지 모른다. 요한에게 물은 *중생*에서도 필요하며 (3:5), *삶의 변화*에서도
필요하며 (4:14), *성령 충만*에서도 필요하며 (7:37-39), *증거*에서도 필요하
기 (요일 5:5-8) 때문에 "발" 대신에 "옆구리"를 강조하였을 것이다.

10) R. C. H. Lenski, *The Interpretation of St. John's Gospel* (Minneapolis,
MN: Augsburg Publishing House, 1943), 1367-68. 그러나 "옆구리에
서 흐른 피와 물"이 구속과 성결을 상징하며, 그 두 가지의 경험을
통하여 제자들이 사도로 변화되었다는 해석도 있다. R. V. G. Tasker,
Tyndale New Testament Commentaries, John, 2쇄 (Leicester,
England: Inter- Varsity Press, 1983), 226을 보라.

11) Lenski, *St. John's Gospel*, 1368.

같은 분이지만, 다른 분으로 다가오신, 다시 말해서, 죽음의 장벽
을 넘어 그들을 찾아오신 주님을 보고 그들은 *기뻐*할 수밖에 없
었다. 과연 예수님이 죽기 전에 예언하신 대로였다: "지금은 너희
가 근심하나 내가 다시 너희를 보리니, 너희 마음이 *기쁠* 것이요,
너희 *기쁨*을 빼앗을 자가 없으리라" (요 16:22).

제자들이 누리게 된 기쁨은 영적 기쁨이요, 관계 회복의 결과
로 생기는 기쁨이다. 죄인이 예수 그리스도를 통하여 구원을 경
험하고, 그 결과 그분과 영적 관계를 갖게 될 때도 기쁨이 생긴다
(롬 5:1-2). 방탕한 아들이 회개하고 다시 아버지에게로 돌아올
때도 기쁨을 되찾았다 (눅 15:24). 유대인들을 두려워하며 주님
의 부활을 의심하던 제자들이 그분을 직접 만났을 뿐 아니라, 그
분이 선포하신 평강의 말씀으로 그들은 기쁨을 회복하였다. 그들
은 이제 다른 차원의 말씀을 들을 준비를 갖추게 되었다.

2. 파송

제자들이 신앙적으로 회복된 후 부활의 주님으로부터 제일 먼
저 들은 말씀은 위에서 본 대로 다음과 같다. "...너희에게 평강이
있을지어다." 그러면 주님은 이미 제자들에게 *평강*의 말씀으로
그들을 회복시켜 주셨는데, 왜 다시 평강을 되풀이하여 말씀하셨
는가? 평강을 강조하기 위해서였는가? 물론 그렇게 보는 것도
전혀 불가능하지는 않을 것이다.12) 그러나 평강을 두 번씩이나

---

12) 모리스는 강조하기 위함이라고 해석하였다. Leon Morris, *The New*

반복해서 말씀하신 주님은 그보다 훨씬 더 중요한 의도를 가지고 계셨다.

요한복음에 의하면, 주님은 고난당하기 전에 이미 제자들을 위하여 평강을 두 번이나 말씀하셨다. 첫 번째는 요한복음 14장 27절에서였다: "평안을 너희에게 끼치노니, 곧 나의 평안을 너희에게 주노라. 내가 너희에게 주는 것은 세상이 주는 것 같지 아니하니라. 너희는 마음에 근심하지도 말고 두려워하지도 말라." 예수 그리스도가 제자들에게 주시는 평강은 어떤 환경에서도 누릴 수 있을 뿐 아니라, 이 세상 신(神)의 공격에도 불구하고 향유(享有)할 수 있는 것이다. 그 이유는 변하지 않는 주님과의 관계에서 오는 평강이기 때문이다.[13)

두 번째 주님이 평강을 말씀하신 곳은 요한복음 16장 33절이었다: "이것을 너희에게 이르는 것은 너희로 내 안에서 평안을 누리게 하려 함이라. 세상에서는 너희가 환난을 당하나 담대하라; 내가 세상을 이기었노라." 첫 번째의 평강이 "마음에 근심하지도 말고 두려워하지도 말라"는 소극적인 면을 강조한다면, 두 번째의 평강은 "환난을 당하나 담대하라"는 적극적인 면을 강조한 권면이었다.[14) 다시 말해서, 어떤 어려움에 처해도 마음 속에 평강을 누리면서, 용기 있게 그 어려움을 피하지 말고 대면하면

International Commentary on the New Testament: The Gospel according to John, 4쇄 (Grand Rapids, MI: Wm. B. Eerdmans Publishing Co., 1977), 845를 보라.

13) 윌리엄 헨드릭슨,『요한복음』(하), 유영기 옮김 (서울: 아가페출판사, 1983), 377과 Lenski, *St. John's Gospel*, 1017을 각각 보라.

14) Ibid., 1112.

서 뚫고 나가라는 말씀이었다.

그렇다면 부활하신 주님이 제자들의 회복을 위하여 평강을 선포하신 것은 "근심과 두려움"에서 나아오라는 소극적인 권면이었다. 그러나 "너희에게 평강이 있을지어다; 아버지께서 나를 보내신 것 같이 나도 너희를 보내노라"는 주님의 대리자로 복음을 전할 때 많은 핍박을 받을 수 있으나, 경험적 평강을 의지하면서 용기 있게 복음전도의 사역에 매진하라는 권면이었다.[15]

그런 경험적이고도 주관적인 평강 때문에 제자들은 어디를 가든지 평강을 선포하면서 복음을 전할 수 있었다.[16] 제자들은 과연 "평안의 복음이 준비한 것으로 신을 신고" 각처를 다니는 평강의 사자들이었다 (엡 6:15). 제자들은 그들이 그토록 배반했던 주님으로부터 값없이 용서받은 것도 감사한데, 한발 더 나아가서 평강을 얻었기 때문에, 그들도 당연히 그 평강을 다른 사람들, 특히 평강을 알지 못하는 죄인들에게 나누어 주어야 했다. 그러므로 복음전도는 어떤 의미에서 평강의 선포였다.[17] 결국 평강을 선포하라고 주님은 제자들에게 두 번째로 "너희에게 평강이 있을지어다"라고 말씀하셨다.

---

15) 이상근은 두 번 언급된 평강에 대해 이렇게 주석하였다: "첫째의 평안은 개인적 확신의 회복이나, 둘째의 평안은 활동의 준비였다." 『신약성서주해: 요한복음』, 21쇄 (서울: 대한예수교장로회 총회 교육부, 1990), 351.
16) 제자들은 "평안하기를 빌며" 복음을 전하라는 부탁을 예수 그리스도로부터 받기도 했었다 (마 10:11-16).
17) J. C. Hoekendijk, "The Call to Evangelism," *Eye of the Storm: The Great Debate in Mission*, Donald McGavran 편집 (Waco, TX: Word Books, Publisher, 1972), 47.

부활하신 주님은 제자들에게 그들이 거저 받았기 때문에 거저 나누어 주어야 하는 평강을 말씀하신 후, 다시 말해서, 그들을 준비시키신 후, 실제로 그들을 파송하는 말씀을 하셨다. 제자들이 들은 그 파송의 말씀은 다음과 같다: "아버지께서 나를 보내신 것 같이 나도 너희를 보내노라." 그런데 놀랍게도, 이 말씀에서 주님은 제자들의 파송을 그 자신이 하나님 아버지로부터 받은 파송과 비교하신 것을 볼 수 있다. 그러면 주님은 무엇 때문에 자신의 파송과 제자들의 파송을 비교하셨는가?

첫째는 동등한 권세를 주셨기 때문이다. 주님은 제자들을 세상으로 보내시면서 그분이 하나님 아버지로부터 받은 동등한 권세를 그들에게도 주셨던 것이다. 본래 하나님 아버지는 그 아들을 세상에 파송하시면서 하나님에게만 속한 권세를 주셨다. 그리고 예수님은 그 권세를 종종 사용하셨다.

예를 들면, 예수님은 하나님만의 전유(專有) 권세인 죄의 용서를 선언하셨으며 (막 2:5), 죽은 자도 살리셨다 (요 11:42). 그뿐만이 아니었다. 예수님은 필요한 때 그 권세에 대하여 설명하기도 하셨다. 그분은 하나님과 동등하다고 하셨으며, 하나님의 일을 똑같이 하신다고 말씀하셨다 (요 5:17-8). 예수님은 더 나아가서 하나님 아버지와 같은 심판과 공경의 권세를 가지고 계신다고 말씀하셨다 (요 5:22-23).

주님은 제자들을 파송하시면서 그분이 받았던 동등한 권세를 물려 주셨던 것이다.[18] 왜냐하면 제자들은 그들을 보내신 주님

18) Robert Kyssar, *Augsburg Commentary on the New Testament*

을 대표하기 때문이었다. 그런 까닭에 이제부터는 제자들이 전하는 그리스도를 받아들이면 그것은 곧 제자들을 받아들이는 것과 같은 것이다. 예수 그리스도는 이미 이렇게 말씀하신 적이 있었다: "...내가 보낸 자를 영접하는 자는 나를 영접하는 것이요, 나를 영접하는 자는 나를 보내신 이를 영접하는 것이니라"(요 13:20).

물론, 제자들이 주님과 동등한 권세를 받았다고 해서 그들이 독자적으로 그 권세를 사용할 수 있다는 의미는 아니었다. 주님이 그들에게 권세를 주신 것은 그들이 주님의 사명을 수행하게 하기 위함이었다. 그리고 주님의 사명은 그들의 방법이나 능력으로는 수행할 수 없기 때문에 주님을 의지하지 않으면 아니 되었다. 그러므로 그들의 권세는 그들이 주님을 의지하면서 기도할 때, 주님이 그들을 통하여 권세를 드러내시겠다는 것이었다. 그리할 때 주님이 세상의 구원을 위하여 이 세상에 파송된 사명이 완수되는 것이었다.[19]

주님이 제자들의 파송과 그분의 파송을 비교하신 둘째 이유는 동등한 방법 때문이었다. 하나님 아버지가 예수 그리스도를 이 세상으로 파송하실 때, 예수님은 아버지의 뜻에 절대적으로 순종하셨다.[20] 그 순종은 너무나 엄청난 희생을 수반하였다. 첫째,

(Minneapolis, MN: Augsburg Publishing House, 1986), 304.
19) George R. Beasley-Murray, *John, Word Biblical Commentary*, 제36권, David A. Hubbard 편집 (Waco, TX: Word Books, Publisher, 1987), 380.
20) William Barclay, *The Gospel of John*, 제2권 (Philadelphia, PN: The Westminster Press, 1975), 273.

예수 그리스도는 하늘나라의 모든 영광을 포기하시고 이 세상에서 태어나셔야 했다. 둘째, 그분은 이 세상에서도 각종의 사람들과 어울리면서 삶을 나누셨다. 셋째, 그분은 마침내 세상 사람들의 심판을 대신 당하시지 않으면 안 되었다. 그것이 바로 십자가의 죽음이었다.21)

제자들도 주님으로부터 파송을 받을 때, 주님과 동등한 방법으로 파송되었다. 그들은 "잃은 자를 찾아 구원하시려는" 주님의 뜻에 절대 순종해야 했다 (눅 19:10). 그 사명이 너무나 고귀하고 그 가치가 영원한 것이기에 제자들도 증오의 눈빛을 가지고 핍박의 주먹을 휘두르는 세상 속으로 뛰어들지 않으면 안 되었다. 소속에 있어서는 세상 사람들과 다르지만, 위치에 있어서는 세상 사람들과 어깨를 나란히 하면서 그들에게 평강의 복음을 전해야 했던 것이다. 그것이 전부인가? 물론 아니다! 제자들은 주님의 발자취를 따라 순교까지 감수하면서 영광의 복음을 전하지 않으면 안 되었다. 그들의 방법은 주님의 방법과 동등했던 것이다!22)

그렇다고 모든 면에서 제자들의 방법이 그들의 주님과 같을 수는 없었다. 주님은 영원 전부터 하나님과 교제를 나누시다가 이 세상으로 파송되셨다. 그러나 제자들은 주님의 부르심에 호응하여 주님과의 교제를 즐기게 되었으며, 그러다가 주님으로부터 파송을 받았다. 주님은 다른 어떤 누구로부터도 훈련을 받을 필

21) Stott, "The Great Commission," 40.
22) John T. Seamands, *Harvest of Humanity* (Wheaton, IL: Victor Books, 1988), 41.

요가 없으셨다. 그러나 제자들은 3년 넘게 주님을 따르면서 보고, 배우고, 훈련받았다. 그리고 그 훈련의 기간이 마치자 마침내 그들은 주님으로부터 파송받은 것이었다.23)

3. 능력

그렇다면 주님과 전혀 다른 제자들이 과연 세상의 구원이라는 주님의 사명과 사역을 어떻게 이어갈 수 있단 말인가? 그들은 주님과 모든 면에서 다르지 않은가? 주님은 인간이 되셨으나 동시에 모든 신성(神性)을 지닌 분이었다. 그분은 인간의 마음 속을 꿰뚫어 보셨고 (요 2:25), 인간의 중병을 고치셨으며 (요 5:8-9), 인간의 굶주림을 해결해 주셨고 (요 6:11), 자연을 다스리셨으며 (요 6:19), 심지어는 죽은 자를 살리셨다 (요 11:43-44).

그러나 제자들은 신성을 소지(所持)하지 못한 인간에 불과하지 않은가? 비록 그들이 주님과 동일한 권세와 방법을 받았더라도 세상의 구원을 감당할 수 있겠는가? "....무엇을 근거로 그리고 어떤 확신으로 사도들은 생명의 주님 되신 그분을 그토록 악질적으로, 그토록 잔인하게 죽인 사람들에게 죄의 용서를 선포할 수 있단 말인가...?"24) 분명한 것은 그 근거도 역시 주님일 수밖에

23) 이런 차이점을 원어의 차이와 함께 주석하기도 한다: 주님의 파송은 απο-στελλω이고, 제자들의 파송은 πεμπω이다. 이런 주석을 위하여, H. R. Reynolds, *The Gospel of St. John, The Pulpit Commentary*, 제 17권, 4쇄, H. D. M. Spence & Joseph S. Exell 편집 (Grand Rapids, MI: Wm. B. Eerdmans Publishing Co., 1962), 473을 보라.
24) John Lightfoot, *Luke—John, A Commentary on the New Testament*

없으며, 그 확신도 주님이 주시는 것일 수밖에 없다는 것이다. 그리고 그 사실을 주님만큼 잘 아시는 분도 없었다.

주님은 이러한 문제를 해결하기 위하여 놀라운 일을 하셨다. 그것은 제자들을 향하여 "숨을 내쉬며...성령을 받으라"고 하신 것이다. 주님의 이런 행위와 말씀은 세상의 구원에서 너무나 중요한 전환점이 되었다. 전환점이 된 이유를 몇 가지로 찾아볼 수 있다. 첫째 이유는 성령의 임재와 역사를 통하여 주님의 사역이 제자들의 사역으로 승계되었다는 것이다. 제자들은 이제부터 성령을 통하여 주님이 주신 권세와 방법을 효율적으로 활용할 수 있게 되었다. 둘째 이유는 성령을 통하여 제자들은 인간적인 한계를 극복하면서 사명을 감당할 수 있게 되었다는 것이다.[25] 제자들은 그 때부터 증오로 가득 찬 세상을 향하여 때로는 신유(神癒)의 역사를 통하여, 때로는 기적을 통하여, 때로는 변화의 말씀을 통하여 복음을 전할 수 있었다.

주님의 행위와 말씀이 중요한 전환점이 된 셋째 이유는 세상의 구원이라는 사명과 사역이 성령의 것으로 바뀌었기 때문이다. 다시 말해서, 성령의 시대로 접어들었다는 것이다. 본래 세상의 구원은 성부 하나님의 계획이었다 (엡 1:3-6). 그리고 그 계획에 따라서 성자 하나님이신 예수 그리스도가 구속의 역사를 이루셨다 (엡 1:7-12). 마지막으로 그 계획과 역사를 인간에게 적용시

---

from the Talmud and Hebraica Matthew—1 Corinthians, 제3권, 2쇄 (London: Oxford University Press, 1859; reprint, Peabody, MA: Hend- rickson Publishers, Inc., 1995), 445.

25) 벵겔, 『요한복음』 (하), 213.

기는 분은 성령 하나님이시다 (엡 1:13-14).

그런데 주님은 제자들에게 지상명령을 주시면서 삼위 되신 하나님을 언급하셨다: 아버지가 먼저 그 아들 예수 그리스도를 세상에 보내셨고, 예수 그리스도는 모든 임무를 마치고 다시 아버지에게로 돌아가시기 전에 제자들에게 성령을 부어 주셨다. 이제부터 성령이 세상의 구원을 책임지시는 시대로 바뀌었던 것이다.[26]

"숨을 내쉬며"(breathe in)는 구약성경의 두 경우를 연상시킨다: 첫째의 경우는 창세기 2장 7절로, "여호와 하나님이 흙으로 사람을 지으시고 생기를 그 코에 불어넣으시니"(breathe into)이며, 둘째는 에스겔 37장 9절이다, "....인자야 너는 생기를 향하여 대언하라....이 사망을 당한 자에게 불어서(breathe into) 살게 하라."[27]

코에 불어넣어진 생기는 "생령," 곧 살아 있는 사람을 창조시켰다. 마찬가지로, 주님이 제자들에게 숨결을 불어넣어 주신 것은 제자들도 "허물과 죄"로 인하여 영적으로 죽은 영혼들을 영적으로 살려내라는 암시일 것이다 (엡 2:1 참고). 그 결과 영적으로 다시 살게 된 사람들, 곧 거듭난 사람들은 그리스도 안에서 "새로운 피조물"이 되는 것이다 (고후 5:17).[28]

죽은 자를 다시 살린다는 에스겔의 말씀은 부활의 역사를 상

---

26) Stott, "The Great Commission," 41.
27) Beasley-Murray, *John*, 380-81.
28) Ibid., 381.

징한다. 에스겔은 나라를 잃고 세계 각처에 흩어져 살던 유대인
들이 큰 군대를 이루어 본토로 돌아온다는 예언을 바람의 역사로
비유하였다. 마찬가지로, 제자들도 많은 사람들을 거듭나게 할
뿐 아니라, 그들로 하여금 큰 군대가 되게 하라고 숨결을 불어넣
어 주셨을 것이다. 실제로, 그 후 제자들은 하루에 3,000명씩 변
화되는 것을 목격하였다. 그리고 제자들은 그들을 교회로 영입
(迎入)시켰으며, 그 교회는 일취월장(日就月將) 성장하여 마침내 엄
청난 군대가 되었다. 이런 교회야말로 새로운 세대의 시작이요,
동시에 종말적 현상이었다.29)

이처럼 개인적으로 중생(重生)의 역사를 일으키고 또 집합적으
로 교회를 일구어내기 위하여, 주님은 제자들에게 "성령을 받으
라"고 말씀하셨다. 그런데 이 성령은 제자들을 두 가지로 변화시
켰다. 하나는 그들의 삶 자체였다. 그들의 마음이 깨끗하게 되지
않는다면 그들은 성령이 자유롭게 사용하시는 도구가 될 수 없기
때문이었다. 또 하나는 사역을 위하여 그들에게 권능이 주어졌
다. 성령의 권능으로 인하여 그들은 중생의 역사와 교회의 창출
(創出)을 이룰 수 있었던 것이다.30)

제자들은 이처럼 주님으로부터 성령을 선물로 받기까지 많은
요철(凹凸)의 경험을 하였다. 그들은 주님의 제자로 부르심을 받
고 오랫동안 확신과 자신으로 가득 차 있었다. 그리고 높은 지위
라는 커다란 기대에 부풀어 있었다. 그러나 그런 자신과 기대가

---

29) Ibid.
30) Seamands, *Harvest of Humanity*, 41.

주님의 죽으심으로 하루아침에 깨어져 버린 아픔도 감수하지 않
으면 안 되었다. 그들은 유대인을 두려워했고, 주님의 부활에 대
한 약속과 증거를 믿을 수 없는 밑바닥으로까지 떨어졌다.

　제자들은 그런 일련의 경험들을 통하여 자기 신뢰의 한계를
깨닫게 되었다. 그들은 더 이상 자신들을 믿을 수 없었다. 그 때
에 그들은 주님의 사랑스런 말씀과 따뜻한 손길을 경험하였다.
그뿐 아니었다. 주님은 그들을 회복시켜 주셨을 뿐 아니라, 그들
에게 엄청난 사명을 부여하셨다. 그들은 이제 주님이 "....숨을 내
쉬며...성령을 받으라"는 행위와 말씀을 조건 없이 받아들일 수
있었다. 그러했기에 그들은 성령의 권능을 받고 세상을 구원하는
사역을 담당할 수 있다.[31]

4. 용서

　사도 요한을 통하여 주님이 주신 지상명령의 마지막 부분이자
동시에 결론은 용서의 사역이었다. 부활하신 주님이 제자들을 만
나셔서 그들의 죄의식의 문제를 해결하여 주시고, 파송의 말씀을
선언하시고, 그리고 성령의 권능으로 덧입혀 주신 목적은 하나였
다. 그 목적은 바로 용서의 사역이었다. 주님은 그것을 이렇게
분명히 말씀하셨다: "너희가 누구의 죄든지 사하면 사하여질 것

---

31) George Arthur Buttrick 편집, *The Interpreter's Bible*, 제8권, *The Gospel according to St. John*, Wilbert F. Howard의 서론과 해석, Arthur John Gossip의 주석 (Nashville, TN: Abingdon Press, 1952), 797-98.

이요. 누구의 죄든지 그대로 두면 그대로 있으리라...."

첫 인간 아담과 하와가 불순종하여 하나님의 뜻을 거슬렀을 때, 그들은 죄인이 되었고 따라서 영적으로 죽게 되었다. 그 이후 모든 인간은 영적으로 죽은 상태에서 태어났으며 (롬 5:12), 따라서 필연적으로 온갖 죄를 범하면서 살아간다. 그 결과 인간은 두 가지의 문제를 안고 있는데, 하나는 죄의식의 문제이고 또 하나는 심판의 문제이다. 그러나 인간은 이 실존적인 두 문제를 해결할 수 있는 능력과 방법을 갖고 있지 못하는 것은 물론, 다른 어느 곳에서도 찾을 수 없었다.[32]

이처럼 심각한 딜레마에 빠진 인간의 문제를 해결하기 위하여 예수 그리스도는 십자가에서 죽으시고 또 부활하셨다. 그리고 주님은 그 구속적 죽음과 부활을 근거로 먼저 제자들을 용서하셨다. 그리고 주님의 용서를 경험한 제자들도 똑같은 용서의 메시지를 죄의식에 사로잡혀 있을 뿐 아니라, 죽음과 심판의 실재(實在)에 대하여 전전긍긍해 하는 영혼들에게 전파하라는 부탁을 받았다.

본래 죄의 용서는 하나님에게만 속해 있는 전권(全權)이었다. 그러나 하나님은 그 권세를 아들에게 물려 주셨고 (요 8:11), 또 아들은 그 권세를 제자들에게 물려 주셨다. 물론 제자들이 주님으로부터 물려받은 용서의 사역은 결코 죄인을 용서할 수 있는

---

32) 죄의 근원과 전염에 대하여, Anthony A. Hoekema, *Saved by Faith* (Grand Rapids, MI: Wm. B. Eerdmans Publishing Co., 1986), 143 이하를 보라.

권세가 그들에게 주어졌다는 것이 아니다. 그 권세는 아버지와 아들에게만 속한 것이다 (막 2:5-12). 제자들에게 주어진 권세는 죄의 용서를 선포할 수 있는 권세였다. 그것도 그들에게 선물로 주어진 성령의 임재와 역사를 통해서였다.[33]

그런데 제자들이 선포할 내용은 죄의 용서만이 아니라, 심판의 엄위(嚴威)도 포함되었다. 그러면 무엇을 기준으로 용서와 심판이 결정되는가? 그 기준은 인간의 범죄와 심판을 위하여 죽음과 부활을 감수(甘受)하신 예수 그리스도셨다. 다시 말해서, 예수 그리스도의 구속을 통한 구원을 수용하면 용서를 받는 것이며, 그분의 "계시와 구속을 거부하면" 영원한 심판을 자취(自取)하는 것이다.[34]

그러면 어떻게 인간이 예수 그리스도의 구속을 통한 구원을 수용할 수 있는가? 그것은 회개와 믿음을 통해서이다.[35] 그런데 이 두 가지는 동전의 양면과 같아서 분리할 수 있는 것이 아니다. 진정한 의미에서, 믿음 없는 회개도 없으며, 반면에 회개 없는 믿음도 없다. 왜냐하면 회개는 소극적인 반응으로 죄와 옛 생활 방식을 버리는 것이요, 믿음은 적극적인 반응으로 그리스도를 의지하며 동시에 새로운 생활 방식을 취하는 것이기 때문이다. 죄

---

33) Morris, *The Gospel according to John*, 847. 스토트는 주님이 제자들에게 주신 권세는 실제로 죄의 용서를 수여하는 제사장의 권세가 아니라, 용서를 선포하는 설교자의 권세라고 설명하였다. "The Great Commis- sion," 42를 보라.
34) Beasley-Murray, *John*, 384.
35) 마가가 전한 지상명령은 구원의 기준으로 "믿음"을 제시하였고 (16:16), 누가가 전한 지상명령은 "회개"를 각각 제시하였다 (24:47).

의 생활 방식과 그리스도 안에 있는 깨끗한 생활 방식은 공존할 수 없다.

그러나 사람이 회개와 믿음으로 구속자이신 예수 그리스도 앞으로 나아오지 않으면 그는 영원한 정죄를 받는다. 그 사람은 다음과 같이 두 가지 면에서 정죄를 받는다. 첫째, 그의 현재 생활에서 나타나는 정죄이다. 죄가 "그대로 있으리라"는 선언은 그야말로 무서운 것이다. 그 선언은 "죄들이 그 죄인을 사로잡고 있어서, 그는 지금은 물론 영원히 그 죄들로부터 벗어날 수 없다"는 의미이다.36) 그러므로 그는 일생 동안 범죄와 죄의식 속에서 허우적거리며 의미 없는 삶을 영위할 것이다. 둘째, 그는 이 세상을 떠나는 날 그를 기다리고 있는 죽음과 심판을 피하지 못할 것이다. 그리고 그는 영원히 울부짖으며 심판을 당할 것이다.

제자들은 용서와 심판의 메시지를 주님으로부터 전수받았으며, 그것을 신실하게 선포하지 않으면 안 될 절대적인 명령을 받았던 것이다. 그들은 그 지상명령을 변경할 수도 없을 뿐 아니라 선포하지 않을 수도 없었다. 선포하지 않을 경우 그들은 "그들에게 위임된 명령과 권세를 잃는 것이다."37) 그리고 실제로 사도행전에 의하면, 제자들은 그들에게 맡겨진 이 복음의 내용을 모든 사람에게 선포하였다. 그들은 회개하고 믿는 자들에게 용서를 선포하였고, 거부하는 자들에게 정죄를 선포하였다.38) 그들은 주

---

36) Lenski, *St. John's Gospel*, 1376.
37) Ibid., 1377.
38) 사도행전 2:37-39, 3:19, 5:1-11, 8:20-24, 10:34-48, 11:17, 15:8-9 등을 보라.

님이 주신 시상녕령을 끝까지 순송하였던 것이다.

나가면서

부활하신 주님이 사랑하시는 제자인 사도 요한을 통하여 주신 지상명령은 먼저, 종말적 평강을 통하여 제자들을 회복시키는 사역으로 시작되었다. 그리고 제자들은 "주님이요 하나님"이신 예수 그리스도로부터 커다란 권세를 부여받으면서 파송되었다. 권세와 파송은 죄인을 용서하시겠다는 하나님의 뜻을 온 세상에 전파해야 하는 책임을 수행하라는 특권이었다.[39]

그러나 이런 하나님의 뜻을 온 세상에 전파한다는 것은 절대적으로 불가능한 일이었다. 제자들의 그런 한계를 너무나 잘 아시는 주님은 "숨을 내쉬며 성령을 받으라"는 행위와 말씀을 주셨다. 그것을 다른 말로 표현하면, 이 사역은 제자들의 사역이 아니라 바로 주님의 것임을 강조한 것이었다. 제자들이 할 일이란 오직 순종하기만 하면 된다는 의미였다.

실제로, 누가는 사도행전에서 무능하고 무식한 제자들을 통하여 성령이 그 지상명령을 문자 그대로 이루신 역사들을 상세히 기록하였다. 제자들은 그들에게 주어진 권세를 적절히 사용하면서도 복음을 능력 있게 선포하기 위하여 성령의 권능 아래로 들어가시 않으면 안 되었다. 그런 이유 때문에, 신약성경에서 다섯

---

39) Kyssar, *Augsburg Commentary on the New Testament*, 305.

번씩이나 기록된 지상명령은 각기 다른 내용들을 강조하고 있으면서도 한 가지 공통점을 지니고 있다. 그것은 성령의 임재와 역사에 대한 약속이었다.

마태가 전한 지상명령은 "볼지어다, 내가 세상 끝날까지 너희와 항상 함께 있으리라"는 임재의 약속을 포함하였다. 물론 이 약속은 앞으로 강림(降臨)하여 제자들과 함께 하실 성령에 대한 약속이었다. 그러나 마가가 전한 지상명령은 성령의 역사를 강조하였다: "믿는 자들에게는 이런 표적이 따르리니, 곧 그들이 내 이름으로 귀신을 쫓아내며, 새 방언을 말하며, 뱀을 집어 올리며, 무슨 독을 마실지라도 해를 받지 아니하며, 병든 사람에게 손을 얹은즉 나으리라."

반면에, 누가가 전한 복음서와 사도행전의 지상명령은 경험될 성령을 강조하였다. 누가는 성령을 경험할 때 주어지는 *능력*내지 *권능*을 강조하였다. 그러나 요한이 전해 준 지상명령은 성령을 주시는 분, 곧 예수 그리스도를 강조하였다. 예수 그리스도는 제자들에게 성령을 보내겠다고 약속하신 바 있었다 (요 15:26). 그 약속대로 요한의 지상명령에서 부활하신 그리스도가 직접 제자들에게 성령을 주셨다. 베드로도 오순절의 성령 강림을 설명하면서 예수 그리스도가 성령을 보내셨다고 하였다 (행 2:33).

지상명령은 예수 그리스도의 제자들에게 주어졌을 뿐 아니라, 제자들의 순종을 통하여 이루어진 교회에게도 주어진 명령이다. 그러므로 교회는 세상의 구원을 위하여 순종하며 참여해야 한다. 그러나 이 사역은 너무나 크고 넓고 깊어서, 어떤 교회도 그 능력과 방법만으로는 이룰 수 없다. 이 지상명령에 순종하고자 하는 모든 교회는 성령에 의하여 지배를 받아야 한다. 다시 말해서, 성령의 권능을 주님으로부터 받아야 한다. 그때야 비로소 교회는 용서의 복음을 온 세상에 능력 있게 선포할 수 있을 것이다.

참고 도서

Barclay, William. *The Gospel of John*, 제2권. Philadelphia, PN: The Westminster Press, 1975.

Beasley-Murray, George R. *John. Word Biblical Commentary*, 제36권. David A. Hubbard 편집. Waco, TX: Word Books, Publisher, 1987.

Buttrick, George Arthur 편집. *The Interpreter's Bible*, 제8권. *The Gospel according to St. John*. Nashville, TN: Abingdon Press, 1952.

Cocoris, G. Michael. *Evangelism: A Biblical Approach*. Chicago: Moody Press, 1984.

Hoekema, Anthony A. *Saved by Faith*. Grand Rapids, MI: Wm. B. Eerdmans Publishing Co., 1986.

Hoekendijk, J. C. "The Call to Evangelism." *Eye of the Storm: The Great Debate in Mission*. Donald McGavran 편집. Waco, TX: Word Books, Publisher, 1972.

Kyssar, Robert. *Augsburg Commentary on the New Testament*. Minneapolis, MN: Augsburg Publishing House, 1986.

Lenski, R. C. H. *The Interpretation of St. John's Gospel*. Minneapolis, MN: Augsburg Publishing House, 1943.

Lightfoot, John. *Luke—John. A Commentary on the New Testament from the Talmud and Hebraica Matthew—1 Corinthians*, 제3권, 2쇄. London: Oxford University Press, 1859; reprint, Peabody, MA: Hendrickson Publishers, Inc., 1995.

Morris, Leon. *The New International Commentary on the New Testament: The Gospel according to John*, 4쇄. Grand Rapids, MI: Wm. B. Eerdmans Publishing Co., 1977.

Reynolds, H. R. *The Gospel of St. John. The Pulpit Commentary*, 제17권, 4쇄. H. D. M. Spence & Joseph S. Exell 편집. Grand Rapids, MI: Wm. B. Eerdmans Publishing Co., 1962.

Seamands, John T. *Harvest of Humanity: The Church's Mission in Changing Times.* Wheaton, IL: Victor Books, 1988.

Stott, John R. W. "The Great Commission." *One Race, One Gospel, One Task*, 제1권. Carl F. H. Henry & W. Stanley Mooneyham 편집. Minneapolis, MN: World Wide Publications, 1967.

Tasker, R. V. G. *Tyndale New Testament Commentaries. John*, 2쇄. Leicester, England: InterVarsity Press, 1983.

Towns, Elmer L. 편집. *A Practical Encyclopedia: Evangelism and Church Growth.* Ventura, CA: Regal Books, 1995.

벵겔, J. A.『벵겔 신약주석 요한복음』(하). 서문강 역. 서울: 도서출판 로고스, 1992.

보이스, 제임스 몽고메리.『요한복음 강해』(V). 서문강 옮김. 경기: 도서출판 쉴만한물가, 1989.

이상근.『신약성서주해: 요한복음』, 21쇄. 서울: 대한예수교장로회 총회 교육부, 1990.

헨드릭슨, 윌리엄.『요한복음』(하). 유영기 옮김. 서울: 아가페출판사, 1983.

"복음을 전파하라"

"복음을 전파하라"

들어가면서

본문을 열면서

나가면서

$$\boxed{2}$$

"복음을 전파하라"

(마가복음 16:14-18)

들어가면서

예수 그리스도는 부활하신 이후 승천하실 때까지 제자들을 열 번이나 만나 주셨다. 그러나 제자들을 만나실 적마다 반드시 무슨 명령을 주신 것은 아니었다. 어떤 때는 위로의 말씀을 주셨고 (요 20:16), 어떤 때는 회복의 말씀을 하셨고 (요 20:27), 어떤 때는 구약성경을 가르치셨고 (눅 24:27), 어떤 때는 꾸짖으셨고 (막 16:14), 또 어떤 때는 그들의 사명을 환기시켜 주셨다 (요 21:15).

그러나 그 열 번 중 다섯 번은 다른 때와는 달리, 예수 그리스도는 이 세상에서 마지막 명령을 제자들에게 주셨다. 같은 명령을 다섯 번씩이나 반복적으로 말씀하신 것은 그 명령이 말할 수 없이 중요하다는 것을 의미하지만, 동시에 그 내용이 발전적으로 확대되고 있다는 것을 의미한다. 그 후 세월이 흘러서 그 중요성

올 김지한 그리스도인들은 그 멍령을 "지상명령"(the Great Com-
mission) 또는 "교회의 전도 위임"(the Evangelistic Mandate of the
Church)이라고 부르기 시작했다.1)

부활하신 주님이 제자들을 처음 만나서 지상명령을 주신 내용
은 요한복음에 기록되어 있다 (요 20:19-23). 주님이 그들을 만
나 주신 시간은 주님이 부활하신 그 날 저녁이었다 (요 20:19).
제자들이 두려움에 떨면서 숨어 있을 때 주님이 그들을 찾아오셨
다. 그리고 주님은 무엇보다도 그들의 두려움을 해결하기 위하여
관계 회복을 강조하는 말씀을 하셨다. 동시에 그들에게 용서의
메시지를 가지고 세상으로 나아가라는 파송의 명령도 주셨다.2)

그 후 일주일이 지나서 제자들이 식사하고 있을 때 부활하신
주님이 그들을 다시 찾아오셨다. 그리고 그들에게 두 번째로 지
상명령을 주셨는데, 그 명령은 마가복음 16장 14-18절에서 찾을
수 있다.3) 이 명령은 요한복음의 명령과 다르다: 요한복음에서

1) Elmer L. Towns 편집, *A Practical Encyclopedia: Evangelism and Church Growth* (Ventura, CA: Regal Books, 1995), 251.
2) 회복과 파송에 대해 자세히 보려면 이 책의 17-28을 보라.
3) 마가복음은 16:8로 끝이며, 그 이후의 구절들인 9-20절은 후에 첨가되었다는 주장도 거세다. 퍼킨스신학원(Perkins School of Theology)의 신약학 교수인 파머(William R. Farmer)는 많은 내적 증거와 외적 증거를 바탕으로 16:9-20에 대하여 이렇게 결론을 내린다: "외적 증거와...내적 증거를 볼 때 어떤 쪽으로도 결론을 내릴 수 없다. 본 연구에 의하면, 이 구절들을 마가복음의 일부로 포함시키는 것이 보다 타당한 것 같다....새로운 파피루스의 발견 없이는, 그리고 2, 3세기의 본문과 특히 오리겐(Origen)의 문헌에 대한 보다 깊은 연구 없이는 결론을 유보하는 것이 타당할 듯싶다." William R. Farmer, *The Last Twelve Verses of Mark* (London: Cam- bridge University Press, 1974), 109.

는 파송이 강조된 반면, 마가복음에서는 제자들이 각처로 다닐 것을 강조한다. 마가복음의 명령은 마태복음의 명령과도 다르다: 마태복음에서는 제자를 삼는 사역을 강조한 데 반하여, 마가복음에서는 복음을 전파하는 것을 강조한다. 누가복음의 명령과도 다르다: 누가복음에서는 복음의 내용이 강조된 데 반하여, 마가복음에서는 그 복음이 전파되는 행위를 강조한다. 사도행전의 명령과도 다르다: 사도행전에서는 성령의 권능으로 만들어지는 증인을 강조한 데 반하여, 마가복음에서는 성령의 증거들을 강조한다.[4]

마가복음을 구약성경의 가르침과 비교한다면 혁명적으로 다른 것들이 있다. 첫째 다른 것은 전도의 대상이다. 구약 시대에는 이스라엘이 주로 사역의 대상이었으나, 이제는 전도의 대상이 "온 천하"가 되었다. 둘째, 구약 시대에는 이방인들이 복음을 듣기 위해 이스라엘로 찾아와야 했으나, 이제는 제자들이 이방인들을 찾아가야 한다.[5] 그런 현상을 강조하기 위하여 주님은 제자들에게 온 천하에 "다니라"고 명령하셨다.[6] 셋째, 구약 시대에는

---

4) Mortimer Arias, "The Great Commission: Mission as Discipleship," *Journal of the Academy for Evangelism in Theological Education*, 제4권 (1988-1989): 16.
5) 구약성경에서 이스라엘의 전도 방법은 구심적 전도(centripetal evangel- ism)라고 하며, 신약성경에서 교회의 전도 방법은 원심적 전도(centrifu- gal evangelism)라고 한다. 이를 위해 다음을 보라: Johannes Verkuyl, "The Biblical Foundation for the Worldwide Mission Mandate," *Per- spectives on the World Christian Movement: A Reader*, Ralph D. Winter & Steven C. Hawthorne 편집 (Pasadena, CA: William Carey Library, 1981), 37.

선민(選民)이 사랑의 대상이었으나, 이제는 "만민"이 사랑의 대상이다. 어떤 개인도 그 사랑의 대상에서 제외될 수 없는 것이다.

본문을 열면서

예수 그리스도가 마가복음에서 주신 명령은 간단명료하다. 그것은 "만민에게 복음을 전파하라"이다. 이처럼 간단한 명령을 보다 체계적으로 접근하기 위하여 본문을 직접 읽어보자:

> 그 후에 열한 제자가 음식 먹을 때에 예수께서 그들에게 나타나사, 그들의 믿음 없는 것과 마음이 완악한 것을 꾸짖으시니, 이는 자기가 살아난 것을 본 자들의 말을 믿지 아니함일러라. 또 이르시되, "너희는 온 천하에 다니며 만민에게 복음을 전파하라. 믿고 세례를 받는 사람은 구원을 얻을 것이요; 믿지 않는 사람은 정죄를 받으리라. 믿는 자들에게는 이런 표적이 따르리니; 곧 그들이 내 이름으로 귀신을 쫓아내며, 새 방언을 말하며, 뱀을 집어 올리며, 무슨 독을 마실지라도 해를 받지 아니하며, 병든 사람에게 손을 얹은즉 나으리라" 하시더라.
>
> 마가복음 16:14-18

위의 본문은 "복음을 전파하라"는 명령 이외에도 그 명령을 받을 제자들의 상태도 언급한다. 뿐만 아니라, 이 명령에 제자들이

---

6) *다니다*는 원어에 의하면 *가다*의 분사형(πορευθέντες)이며, 이것은 이스라엘을 *찾아온* 이방인과는 다르다 (왕상 8:41-43에서 강조된 *오다*와 대조하라).

순종할 때 일어날 수 있는 엄청난 결과도 언급한다. 제자들에게 일어나는 결과뿐만 아니라, 전파된 복음을 듣는 사람들에게 일어나는 결과도 언급한다. 그런 모든 것들을 보다 쉽게 접근하기 위하여 다음의 제목으로 차례대로 살펴보자: 1) 복음이 필요한 제자들, 2) 복음의 대상, 3) 복음에 대한 반응, 4) 복음의 확증.

1. 복음이 필요한 제자들

부활하신 예수 그리스도가 처음 제자들을 만나셨을 때는 열 명밖에 없었다 (요 20:24). 그러나 지금은 열한 제자가 음식을 먹고 있었다. 처음에 함께 하지 않았던 의심 많은 도마도 그 자리에 있었다. 그 열한 제자에게 주님이 나타나서 제일 먼저 하신 말씀은 꾸짖음이었다. 그 이유는 그들이 믿음도 없었고 마음도 완악하였기 때문이다. 마가복음에 의하면, 그들은 주님의 부활을 증거하는 사람들의 말을 적어도 세 번이나 들었는데 믿지 않았다.

첫 번째로 증거한 사람들은 막달라 마리아, 야고보의 어머니 마리아, 그리고 살로메였다 (막 16:1, 7). 두 번째로 증거한 사람은 일곱 귀신이 들렸던 막달라 마리아였다 (막 16:9-11). 세 번째로 증거한 사람들은 시골로 가던 두 사람이었다 (막 16:12-14). 예수 그리스도의 제자들은 이처럼 세 번씩이나 반복된 여러 사람들의 증거를 믿지 않았기 때문에 주님으로부터 꾸짖음을 받았다.

그들은 왜 사람들이 주님의 부활을 증거했을 때 믿지 않았는가? 인간의 부활을 합리적으로 받아들일 수 없기 때문이었을까?

아니면 대부분의 증거자들이 여자들이기 때문이었을까? 두 사람
은 남자이긴 하나, 그(사도)들의 부류(部類)에 들지 않았을 뿐 아
니라, 그들을 버리고 예루살렘을 떠난 사람들이기 때문이었을
까? 아니면 제자들은 심리적으로 그들의 스승을 십자가에 홀로
내버려 둔 채 도망갔었기 때문에 죄의식으로 가득 찼기 때문이었
을까?7) 여하튼, 주님은 "그들의 믿음 없는 것"만을 꾸짖지 않으
시고, 동시에 그들의 "마음이 완악한 것"도 함께 꾸짖으셨다.

마음은 제자들의 인격을 의미한다. 그런데 그 마음이 너무 완
악해져서 그들은 그들에게 제시된 분명한 증거조차 받아들이기
를 거부했다. 그들의 지성과 이성은 완악한 마음의 노예가 되어
버렸기 때문에 여자들과 두 사람의 증거에 쉽게 굴복할 수 없었
다.8) 그들의 완악한 마음과 불신에서 건져낼 수 있는 분은 부활
하신 예수 그리스도뿐이었다. 그런 불신의 웅덩이에서 건져낼 뿐
아니라, 그들에게 부활에 대한 깊은 확신을 심어 주기 위하여 주
님은 각기 다른 장소에서 그리고 각기 다른 때에 열 번이나 나타
나셨는지도 모른다.9)

그렇다면 주님은 왜 세계 복음화라는 막중한 임무를 이처럼
믿음도 없고 마음도 완악한 사람들에게 맡기셨는가? 그들은 종

---

7) Obadiah Sedgwick, *The Doubting Believer* (Pittsburgh, PA: Soli Deo Gloria Publications, 1993), 74 이하.

8) R. C. H. Lenski, *The Interpretation of St. Mark's Gospel* (Minneapolis, MN: Augsburg Publishing House, 1964), 762.

9) Robert E. Coleman, "The Affirmation of the Great Commission," *Jour- nal of the Academy for Evangelism in Theological Education*, 제6권 (1990-1991): 33.

교 지도자들도 아니었으며, 학문적으로 출중한 사람들은 더구나 아니었다. 그들은 유대 사회에서나 로마 제국에서 전혀 알려지지 않은 무명의 갈릴리 사람들이었다. 그들은 어부 출신과 기타 잡다한 배경을 가진 오합지졸(烏合之卒)에 불과한 사람들이었다.

그처럼 보잘 것 없는 사람들에게 주님이 그와 같은 어마어마한 사역을 맡기신 몇 가지 이유를 찾아볼 수 있을 것이다. 첫째, 주님은 처음부터 그들의 지도력에 대한 잠재력을 감지(感知)하셨다. 그렇지 않다면 그들을 부르실 이유가 없었다.10) 둘째, 예수 그리스도는 그들을 부르셨을 뿐 아니라 그들을 훈련시키셨다. 이제 그들 이외에는 달리 사역을 맡기실 사람들도 없었다. 셋째, 그들은 충성된 사람들이었다. 비록 그들은 의심과 완악한 마음을 가지고 있었으나, 그래도 여전히 주님을 배반하지 않았다. 넷째, 주님에게는 그들의 불신과 완악한 마음을 해결하실 수 있는 지혜와 방법이 있었다.

만일 주님에게 그런 지혜와 방법이 없으셨다면 불신과 완악한 마음을 가지고 있는 제자들을 이렇게 찾아와서 만나 주시지는 않았을 것이다. 주님의 꾸지람은 좌절을 위한 것이 아니라 회복을 위한 것이었다. 만일 주님이 그들을 사랑하지 않으셨다면 그리고 그들에 대해 아무 것도 기대할 수 없으셨다면, 일부로 찾아와서 꾸짖지는 않으셨을 것이다. 왜냐하면 "주께서 그 사랑하시는 자를 징계하시고, 그가 받아들이시는 아들마다 채찍질하시기" 때문

---

10) _____, *The Master Plan of Evangelism*, 13쇄 (Old Tap- pan, NJ: Fleming H. Revell Co., 1973), 23.

이다 (잠 3:11-12, 히 12:6).

그러면 주님은 제자들을 어떻게 회복시키셨는가? 그 지혜와
방법은 기독교의 핵심인 예수 그리스도의 죽음과 부활이었다. 그
런 이유 때문에 그 역사적 사건은 복음이라고 불린다 (롬 1:3-4).
그들의 불신은 예수님이 십자가 위에서 피 흘리며 죽으신 대속의
죽음을 근거로 해결될 수 있었고, 그들의 완악한 마음은 그리스
도의 부활이라는 영광을 근거로 해결될 수 있었다.11)

주님이 최초로 열 제자들에게 보이신 후 8일이 지나서 열한
제자들에게 다시 찾아오신 적이 있었다 (요 20:26-28). 그 때는
의심하던 도마도 함께 있었다. 주님은 특별히 도마에게 못 박혔
던 손과 창으로 찔렸던 옆구리를 보여 주셨을 뿐 아니라, 거기에
손가락을 넣어보고 다시는 믿음 없는 자가 되지 말라고 하셨다.
그 상처들은 예수님이 십자가 위에서 죽으셨다는 사실을 생생하
게 보여 준 증거였다. 그리고 바로 그분이 도마에게 부활의 몸으
로 나타나셨다.12) 그 결과는 분명했다! 도마는 물론 그들의 불신
과 완악한 마음은 더 이상 찾아볼 수 없었다.

2. 복음의 대상

복음으로 회복된 제자들에게 주님은 짧지만 의미심장한 지상

---

11) John R. W. Stott, "The Great Commission," *One Race, One Gospel, One Task*, 제1권, Carl F. H. Henry & W. Stanley Mooneyham 편집 (Minneapolis, MN: World Wide Publications, 1967), 38-39.
12) Ibid., 39.

명령을 주셨다. 그 명령은 이렇다. "너희는 온 천하에 다니며 만민에게 복음을 전파하라." 이 명령은 요한복음에 기록된 주님의 명령과 약간 다른 것을 볼 수 있다. 요한복음에서는 주님이 제자들을 *보내는* 파송의 행위가 강조되었다. 그러나 마가복음에서는 그 파송의 명령을 받은 제자들이 직접 *가야 하는* 순종의 행위가 강조되었다.

제자들은 어디로 가면서 그 명령에 순종하란 말인가? 주님은 그들이 갈 곳을 너무나 분명히 말씀하셨는데, 바로 "온 천하"였다. 요한복음에서 주님이 보내신다고 말씀하셨을 때, 그들은 당연히 유대 지역을 생각했을 것이다. 그런데 "온 천하"라니, 제자들에게 가히 충격적인 말씀이었을 것이다. 그것이 충격적인 이유는 간단하다! 그들은 지금까지 하나님의 선민의식(選民意識)이라는 문화에 젖은 사람들인데, 으르렁거리며 그들을 기다리는 개나 돼지와 같은 이방인들이 득실거리는 세상 속으로 들어가라는 명령이기 때문이었다.13)

이 명령에 순종하여 제자들은 이를 갈면서 그들을 맞이한 이방인들에게로 갔다. 그들은 복음을 전하기 위하여 문자 그대로 생명을 걸었던 것이다. 그리고 그들은 성령이 인도하시는 곳이면 어디든지 갔다. 그처럼 절대적으로 순종한 제자들의 모습을 달라스신학교(Dallas Theological Seminary)의 교수인 마이클 코코리

---

13) 이 명령과 같은 맥락의 말씀이 "모든 민족을 제자로 삼아라"는 것인데, 이 명령은 복음을 전할 뿐 아니라 한발 더 나아가서 그들과 삶을 나누라는 훨씬 감당하기 어려운 명령이었다. 마태복음 28:19를 보라.

스(G. Michael Cocoris)는 다음과 같이 묘사했다:

베드로는 바벨론과 로마로 갔으며, 거기에서 거꾸로 십자가에
달려 죽었다....안드레는 러시아 남부로 갔다가 현재의 터키인
소아시아에 있는 에베소로 갔다고 알려졌다. 세베대의 아들인
야고보는 사도행전 2장과 12장 사이에 십중팔구 스페인으로 갔
다. 사도행전 12장에서는 그가 예루살렘에서 헤롯 아그립바에
의하여 죽임을 당했다. 요한은 에베소는 물론 그 밖의 여러 곳
으로 다녔다. 일설에 의하면, 빌립은 프랑스로 갔다. 나다나엘
로 알려진 바돌로메는 소아시아로 갔다가 후에 동진(東進)하여
아르메니아로 가서...거기서 산 채로 피부가 벗겨진 후 목이 잘
려서 죽었다. 일설에 의하면, 도마는 페르시아에서 복음을 전했
고, 또 거기서 세 명의 동방박사를 만나 그들에게 세례를 베풀
었다. 그 후 그는 그들과 함께 인도로 갔다. 마태는 15년 간 성
지(聖地)에 머물다가 페르시아와 에티오피아로 갔으며, 거기서
빌립을 만났다. 알패오의 아들 야고보는 시리아로 갔다. 유다는
아르메니아, 시리아, 페르시아 북방으로 갔다. 가나안 사람 시
몬은 이집트로 갔다가, 카르타고, 스페인 및 영국으로 갔고, 거
기서 아리마대 사람 요셉을 만났다. 그 후 시리아와 메소포타미
아로 갔고, 마지막에 페르시아에서 순교를 당했다.[14]

예수 그리스도의 제자들은 가면서 누구를 만났는가? 주님은
그들이 만날 대상에 대해서 오해의 여지가 전혀 없는 말씀을 주
셨는데, 곧 "만민"이었다. *만민*은 온 *천하*와 더불어 복음의 우주
성(宇宙性)과 포괄성(包括性)을 가리킨다. 복음은 이 지구에 살고

---

14) G. Michael Cocoris, *Evangelism: A Biblical Approach* (Chicago:
    Moody Press, 1984), 30.

있는 모든 사람을 대상으로 삼을 뿐 아니라, 시대를 초월한 모든 사람을 대상으로 삼는다. 복음은 지역과 시대에 따른 갖가지 제한을 뛰어넘어 "모든 믿는 자에게 구원을 주시는 하나님의 능력"이기 때문이다 (롬 1:16).

그뿐 아니다! 복음의 대상이 *만민*이라는 사실은 어떤 개인도 무시될 수 없다는 것을 강조한다. 하나님은 온 천하, 곧 모든 사람들을 사랑하셨을 뿐 아니라, 그들을 개인적으로 사랑하신다. 그런 이유 때문에 주님은 어떤 개인도 무시하거나 사랑의 대상에서 제외시키지 않으셨다. 그야말로 남녀노소를 초월한 사랑이요, 신분과 학벌의 차이에 상관없는 사랑이요, 지역과 인종의 장벽을 넘는 사랑이요, 빈부와 관계 없는 사랑이었다. 주님은 그런 안목을 제자들에게 나누시고 싶었고, 그 결과 *만민*에게 복음을 전하라고 명령하셨다.

제자들이 온 천하를 다니면서 만나는 사람들에게 전해야 할 메시지도 분명했다. 그것은 좋은 소식, 곧 복음이었다. 그것을 주님은 이렇게 명령하셨다, "복음을 전파하라."[15] *전파하라*는 동사는 그 자체가 *전도하다*의 의미를 가지고 있다.[16] 마가는 일찍이 그런 의미로 *전파하다*는 동사를 사용한 적이 있었다. ".. 우리가 다

---

15) 이 명령은 요한복음에 제시된 죄의 용서의 근거를 구체적으로 밝힌 진일보된 것이다.

16) "전파하다"의 헬라어인 *케류소*(κηρύσσω)는 "복음을 전하다"의 헬라어인 *유앙겔리조마이*(εὐαγγελίζομαι)와 정확히 같은 의미이다. 이를 위해 다음을 보라: Michael Green, *Evangelism in the Early Church*, 4쇄 (Grand Rapids, MI: Wm. B. Eerdmans Publishing Co., 1977), 59.

른 가까운 마을들로 가자. 거기서도 *전도하리니*, 내가 이를 위하여 왔노라....이에 온 갈릴리에 다니시며, 그들의 여러 회당에서 *전도하시고*, 또 귀신들을 내쫓으시더라"(막 1:38-39, 3:14 참조).

주님은 제자들에게 복음을 전해야 하는 사실을 이중적으로 강조하셨다. *전파하라*는 동사 자체가 좋은 소식을 전하라는 의미인데도, 그것을 강조하기 위하여 주님은 *복음*이라는 명사를 첨가하셨다. 주님 자신도 시시때때로 이처럼 이중적으로 강조하셨다: "...예수께서 갈릴리에 오셔서 하나님의 *복음을 전파하여*"(막 1:14, 13:10, 14:9 참조). 그러면 왜 주님은 이처럼 복음을 강조하셨는가?

그 이유는 두 가지로 요약될 수 있다. 첫째는 인간의 처절한 상태 때문이다. 인간은 교만과 불순종으로 하나님을 떠난 후 공허하고 불안한 삶을 살아간다. 그리고 그 끝에는 죽음과 영원한 심판이 그를 기다리고 있다. 어떤 수단과 지혜로도 현재의 진공(眞空)과 미래의 공포로부터 탈출할 수 없는 너무나 제한적인 삶을 살아간다. 그런 삶 속에서도 세상과 욕심의 굴레를 벗어나지 못한 채, 헛된 소망을 잡으려고 불철주야(不撤晝夜)로 고심하며 달려간다. 그러나 잡힐 듯 잡히지 않는 헛된 소망은 사막의 신기루(蜃氣樓)에 불과하다는 것도 알지 못하면서 말이다.[17]

둘째는 적극적인 이유로 예수 그리스도의 사역 때문이다. 그

---

17) 하나님 없는 인간의 상태를 자세히 보기 위하여 다음을 보라: 홍성철, "전도학," 『복음주의 실천신학개론』, 복음주의 실천신학회 편집, 3쇄 (서울: 도서출판 세복, 2002), 137 이하.

분은 죄 값으로 죽고 그리고 심판을 받을 모든 죄인을 위하여 십자가 위에서 대속의 죽음을 맛보셨다 (요일 2:2). 그러나 그것만은 복음이라고 할 수 없다! 왜냐하면 그들의 죄와 죽음의 문제가 해결되었다는 증거가 없기 때문이다. 그런 증거라도 되려는 듯 예수 그리스도는 죽은 후 삼 일 만에 다시 사셨다. 그리고 불신과 완악한 마음을 안고 있는 제자들에게 보이셨고, 그리고 그들의 문제들을 단번에 해결해 주셨다. 사실, 그들의 문제는 만민의 문제이기도 했다. 문제들을 해결한 제자들은 그들이 경험한 이처럼 놀라운 기쁜 소식을 전하지 않을 수 없었다.

3. 복음에 대한 반응

복음은 반드시 전파되어야 한다. 마가는 처음부터 끝까지 이처럼 전파되지 않으면 안 될 복음을 강조한다.[18] 그 이유는 사람들의 영원한 운명이 이 복음에 달려 있기 때문이다. 전도자인 마가는 많은 사람들이 복음을 수용하여 영원의 문제를 해결하기를 원한다. 그런 까닭에 그는 "하나님의 아들 예수 그리스도의 *복음의 시작이라*"는 선언으로 그의 복음서를 열고 (막 1:1), *복음을* 전파하라고 하면서 그의 복음서를 닫는다 (막 16:15). 그뿐 아니라, 그는 *전파하라*고 하면서 그의 복음서를 시작하고 (막 1:4),

---

18) 마가는 복음이란 명사를 8회나 사용한 데 반하여 (1:1, 14, 15; 8:35; 10:29; 13:10; 14:9; 16:15), 마태는 4회, 누가는 전혀 사용하지 않았다. 참고로 마가는 *전파하다*를 13회나 사용한다.

*진파하라*고 하면서 그의 복음서를 끝낸다 (막 16:15).

복음 전파의 중요성이 이처럼 강조되나, 그렇다고 그 복음을 듣는 사람들이 모두 받아들이는 것은 아니다. 혹자는 그 복음을 받아들이고 죄와 죽음의 문제를 해결한다. 그러나 그 못지않게 많은 사람들은 그 복음을 받아들이기는커녕 조롱하고 거부한다. 그들은 한 많은 짧은 인생을 허우적거리며 살아갈 뿐 아니라, 지옥에서 영원히 지낼 것이다. 결국, 복음은 언제나 듣는 사람들로부터 반응을 일으키는데, 그 반응은 부정적이든지 적극적이든지 둘 중 하나이다. 마가복음의 지상명령을 설명하면서 그런 두 가지 반응을 이렇게 묘사한 사람이 있다:

> 복음의 전파는 그 책임이 막중하다. 듣는 자들의 영원한 운명이 달려 있기 때문이다. 마가는 복음에 대한 사람들의 반응을 강조한다. 복음이 신실하게 전파되는 곳에서는 언제나 사람들이 두 그룹으로 나누어진다. 구세주를 믿고 그분에게 순복하여 세례를 받는 사람들은 구원을 받는다. 그분이 제공하시는 죄의 용서와 새로운 인생을 받아들이지 않고 거부하는 사람들은 궁극적으로 그분의 심판과 정죄를 반드시 받는다.[19]

마가는 이와 같이 각기 다른 두 그룹의 반응을 이렇게 언급한다, "믿고 세례를 받는 사람은 구원을 얻을 것이요, 믿지 않는 사람은 정죄를 받으리라" (막 16:16). 이 말씀은 요한복음의 명령에

---

19) Gottfried Osei-Mensah, "The Evangelist and the Great Commission," *The Calling of an Evangelist*, J. D. Douglas 편집 (Minneapolis, MN: World Wide Publications, 1987), 223.

포함된 말씀에 대한 보충이요 동시에 조화이다. "너희가 누구의 죄든지 사하면 사하여질 것이요, 누구의 죄든지 그대로 두면 그대로 있으리라"(요 20:23). 이 말씀에 의하면, 파송받은 제자들은 죄의 용서를 선언한다. 그러나 이 선언을 마가복음과 함께 읽으면 그 의미가 확연히 드러난다. 복음을 들은 사람이 믿음으로 반응을 보이면 그의 죄가 용서되었다는 사실을 전도자는 선언해야 한다는 의미이다.

마가는 일찍이 예수 그리스도의 복음 전파를 이렇게 기록한 적이 있다. "...예수께서 갈릴리에 오셔서 하나님의 복음을 전파하여 이르시되, '때가 찼고 하나님의 나라가 가까이 왔으니, 회개하고 복음을 믿으라' 하시니라"(막 1:14-15). 예수님이 하신 이 말씀에 의하면, 복음에 대한 반응은 두 가지, 곧 회개와 믿음이다.[20] 그러나 이 지상명령에서는 회개가 포함되어 있지 않다. 그 이유는 무엇인가?

그 이유를 위하여 다시 주님이 다른 곳에서 주신 지상명령, 곧 누가복음에 제시된 명령을 보자. "또 그의 이름으로 죄 사함을 받게 하는 회개가 예루살렘에서 시작하여 모든 족속에게 전파될 것이 기록되었으니"(눅 24:47). 여기에서는 대조적으로 믿음 없이 회개만 강조된다. 이 두 곳의 말씀은 서로 보완하면서, 복음을 듣는 사람이 구원을 얻기 위하여 회개는 물론 믿음도 있어야 함을 알려 준다. 소극적으로 회개하고 적극적으로 믿지 않으면 구

---

20) 사도 바울과 일반서신도 마찬가지로 *회개*와 믿음을 함께 언급한다(행 20:21, 히 6:1).

원을 받을 수 없나는 상한 메시지가 담겨 있다.21)

주님은 "믿고 세례를 받는 사람은 구원을 얻을 것"이라고 하면서 구원의 조건을 제시하신다.22) 위에서 살펴본 대로, 구원의 조건은 회개와 믿음이다. 그런데 왜 세례가 첨가되었는가? 믿음만으로는 충분하지 않다는 뜻인가? 세례는 믿음 이후에 이루어지는 공개적인 신앙 고백이라고 할 수 있다. 그리고 신앙 고백은 반드시 거기에 걸맞는 변화된 행위가 따라야 한다.23) 그런 행위가 따르지 않으면 그 믿음과 신앙 고백은 지적 동의에 불과할 수 있다.

그렇다면 변화된 삶은 어떻게 오는가? 그것은 두말할 필요도 없이 성령의 내주(內住)를 통해서 온다. 여기에서 세례의 숨은 뜻을 찾아보자. 성경에서 세례는 두 가지 뜻을 지니는데, 첫 번째는 구원받을 때 성령의 내주로 말미암아 구원받은 모든 사람들을 하나로 묶어 주는 성령세례이다 (고전 12:13). 그 결과 구원받은 사람들은 우주적 교회에 속하게 된다. 두 번째 의미는 구원받은 사람들을 교회로 영입시키는 물세례이다.24)

이런 두 의미를 종합해 볼 때, 세례는 믿음의 필연적 결과이며, 따라서 믿음과 세례는 불가분의 관계이다. 믿은 사람들은 세

---

21) 회개와 믿음의 상관 관계를 위하여 다음을 보라: 홍성철, 『불타는 전도자 존 웨슬리』(서울: 도서출판 세복, 1999), 161-62.
22) 두 동사의 시제는 부정과거로, 믿음의 결단과 일회적인 세례를 가리킨다. C. E. B. Cranfield, *The Gospel according to St. Mark*, *The Cambridge Greek Testament Commentary*, 10쇄, C. F. D. Moule 편집 (Cambridge: Cambridge University Press, 1994), 474.
23) Adam Clarke, *Commentary on the Holy Bible*, 5쇄 (Grand Rapids, MI: Baker Book House, 1971), 850.
24) 이런 두 가지 의미의 세례에 대해 자세히 보려면 이 책의 84-86을 보라.

례를 통해 신앙 공동체를 이루어서 함께 교제하고, 기도하며, 성경을 나누면서 신앙적으로 성숙해 간다. 이런 후속 조치가 따르지 않는다면 그의 믿음은 헛것임에 틀림없다. 이런 이유 때문에 믿지 않는 사람들에게는 당연히 세례가 따르지 않는다. 그들에게는 성령의 내주도 없을 뿐더러, 신앙 공동체인 교회도 있을 수 없기 때문이다.

이처럼 주관적인 믿음과 객관적인 세례를 통하여 변화된 삶을 보여 주는 사람은 확실히 구원받은 것이다. 본문에서 사용된 "구원을 얻을 것이요"는 미래형으로 사용된 동사지만, 모든 시제를 초월해서 하나님이 이루시는 구원이다. 구원은 죄의 결과인 죽음과 심판에서 해방된다는 뜻이다. 믿는 순간 성령의 내주로 구원 얻는 것은 과거를 강조한다 (엡 2:8). 그러나 매일의 생활 가운데서 죄에 이끌리지 않는 거룩한 생활을 영위함으로 구원을 경험하는 것은 현재를 강조한다 (빌 2:12). 그뿐 아니라, 마지막 때에 심판 대신 영광스러운 천국을 누릴 축복은 미래를 강조한다 (빌 3:20-21). 본문에서는 모든 면의 구원을 의미하면서도 미래의 영광을 강조한다.25)

그러나 대조적으로 믿기를 거부한 사람들은 "정죄를 받을 것이다." 여기에서 사용된 정죄는 사형 선고와 사형 집행을 하나로 여기는 법적 용어이다. 다시 말해서, 사형 선고를 내리는 동시에 곧바로 사형을 집행하는 것을 의미한다.26) 성경에서 이런 경우

25) Lenski, *St. Mark's Gospel*, 766.
26) Gerhard Kittel 편집, *Theological Dictionary of the New Testament*, 제3권, 9쇄, Geoffrey W. Bromiley 역 (Grand Rapids, MI: Wm. B.

는 예수님이 대속적인 죽임을 당하실 때가 유일한 실례이다. 예수님이 죄인들을 구원하기 위하여 그처럼 *정죄*를 받으셨건만, 그 복음을 거부하고 믿지 않는 죄인들이 받을 것이 *정죄* 말고 또 다른 무엇이 있겠는가?

4. 복음의 확증

열한 명의 제자들이 세계를 향해 복음을 전한다는 것은 마치 왕벌이 탱크를 대항하여 싸우는 것과 같다. 그들에게 주어진 명령은 인간적으로 볼 때 전혀 불가능한 것이다. 그럼에도 불구하고 그 무명(無名)의 제자들은 세계 복음화의 기초를 쌓았고, 그리고 그 기초 위에 많은 사람들이 복음을 통하여 주님 앞으로 돌아오는 역사가 끊이지 않고 있다. 그 제자들은 "또 복음이 먼저 만국에 전파되어야 할 것이니라"는 주님의 말씀을 그대로 받아들였고 (막 13:10), 또 그 말씀의 실현을 위해 혼신(渾身)을 다했다.

그러나 제자들이 세계 복음화에 뛰어들기에는 너무나 한계 있는 인간들이라는 사실을 주님은 너무나 잘 아셨다. 그런 이유 때문에 주님은 다섯 번씩이나 반복적으로 주신 모든 지상명령에서 그들의 결단과 방법만으로는 불가능하다는 사실을 간접적으로 알려 주셨다. 그들이 할 일이란 주님의 도구가 되는 것이었다. 다시 말해서, 주님 자신이 그들을 통하여 세계 복음화를 이루시겠다는 것이다. 그런 사실을 강조하기 위하여 주님은 모든 지상

Eerd- mans Publishing Co., 1979), 951.

명령에서 성령의 역사를 언급하셨다.

요한복음의 지상명령에서 주님은 단도직입적으로 그들에게 성령을 부어 주셨다 (요 20:22). 마태복음의 명령에서는 주님이 친히 그들과 함께 하시겠다고 약속하셨다 (마 28:20). 누가복음의 명령에서는 "위로부터 능력으로 입혀지리라"는 언질을 주셨다 (눅 24:49). 사도행전의 명령에서는 보다 구체적으로 "성령이 너희에게 임하시리라"고 말씀하셨다 (행 1:8). 그러나 마가복음의 지상명령에서는 성령이 함께 하실 때 일어날 수 있는 증거들을 제시하셨는데, 곧 기적들이다.

여기에서 기적은 복음을 확증해 주는 성령의 역사이다. 복음을 알지 못하는 무지몽매(無知蒙昧)한 사람들에게는 기적이 필요할지도 모른다. 그들이 복음을 하나님의 메시지로 받아들이기 위해 시시때때로 그들에게는 기적이 필요할 수도 있다. 결국, 마가복음에 기록된 기적들은 한 마디로 말해서 복음을 효과적으로 전파하기 위한 은사들이다.[27] 기적과 복음의 관계를 어느 변증학자는 다음과 같이 기록한다:

> 그러므로 기적은 구속의 역사에 한 부분을 이룬다. 죄 가운데 있는 인간에게 뚫고 다가가는 수단이다. 그 이유는 인간이 무지와 반항이라는 두 개의 조가비에 갇혀 있기 때문이다. 기적은 무지와 반항을 쫓아내는 전능자의 전시물이다. 그러나 기적은 단순히 능력의 전시물이 아니라 긍휼과 사랑의 행위이다. 기적

---

27) 박수암, 『마가복음』, 『성서주석』, 제32권 (서울: 대한기독교서회, 1993), 699.

은 돈을 벌거나 정치적인 편의나 개인의 이익과 자기 영광을 얻
으려고 이루어지는 행위가 아니다. 기적은 결코 인기를 얻으려
는 연예(演藝)도 아니다. 기적은 인간의 고난을 해결하고, 의심을
풀어 주고, 믿음을 일으키기 위한 거룩한 은총의 행위이다.[28]

주님은 마가를 통하여 능력 있는 복음 전파를 위한 네 가지의
기적을 열거하셨는데, 곧 축귀(逐鬼), 방언, 해독(解毒) 및 신유(神
癒)가 그것이다.[29] 제일 먼저 열거된 기적은 축귀, 곧 귀신을 쫓
아내는 기적인데, 여기에서 처음 언급된 것은 아니다. 일찍이 예
수 그리스도는 제자들을 부르시고 그들에게 "귀신을 쫓아내는 권
능"을 약속하셨다 (막 3:15). 그 약속대로 제자들을 전도를 위해
둘씩 내보면서 귀신을 쫓아낼 수 있는 능력을 이미 주신 바 있었
다 (막 6:13).

베드로와 사도들이 귀신을 쫓아낸 것은 너무나 당연했으며
(행 5:16), 빌립도 귀신을 쫓아냈다 (행 8:7). 그 후 주님이 이방
인의 구원을 위해 부르신 바울도 역시 악귀들을 쫓아냈다 (행
19:12). 그런데 이들이 귀신을 쫓아낸 행위는 결코 그들 자신의
능력으로 한 것이 아니었다. 주님은 마가를 통해 주신 지상명령
에서 제자들이 "내 이름으로" 귀신을 쫓아낼 것이라고 말씀하셨

---

28) Bernard Ramm, *Protestant Christian Evidences*, 17쇄 (Chicago:
Moody Press, 1977), 132.
29) 이런 기적들은 부활하신 주님의 임재(presence)와 능력(power)으로
복음이 전해지는 증거이다. 이를 위해 다음을 보라: William Barclay,
The Gospel of Mark (Philadelphia, PA: The Westminster Press,
1975), 371.

고, 그리고 그들은 십자가 위에서 죽으셨다가 부활하신 주님의 이름으로 귀신을 쫓아냈다. 그들은 전폭적으로 주님의 권세를 의지해서 그런 역사를 이루었다.[30]

그 다음에 열거된 기적은 방언인데, 그 은사는 복음 전파와 너무나 밀접하게 연관되어 있다. 사도행전 2장에서 제자들이 성령의 충만을 경험하자 그들은 새 방언으로 말하기를 시작했다 (행 2:4). 그 방언은 히브리말을 알아듣지 못하는 히브리인들에게 복음이 전파되기 위한 언어였으며 (행 2:7-8), 그 결과 하루에 3,000명이 예수 그리스도를 구세주로 받아들이는 역사가 있었다 (행 2:41). 과연 예수님이 마가를 통해 주신 명령에서 말씀하신 대로 되었다.

그 다음은 "뱀을 집어 올리며, 무슨 독을 마실지라도 해를 받지 않는" 기적이다. 이 두 기적은 독과 연관된 기적이다. 한 번은 바울 사도가 많은 사람들이 보는 앞에서 독사에게 물렸다. 사람들의 기대와는 달리 바울은 아무 해도 받지 않았으며, 도리어 이것을 계기로 바울 사도는 마음껏 역사를 일으킬 수 있었다 (행 28:3-6). 성경에서 아무런 해를 받지 않고 독을 마신 경우는 없다. 그러나 일설에 의하면, 사도 요한과 저스터스 바나바(Justus Barnabas)는 독을 마셨으나 아무런 해를 받지 않았다.[31]

마지막으로 제시된 기적은 신유의 은사로, 많은 경우 복음 전파와 연루된다. 한 번은 베드로와 요한이 성전으로 올라가면서

---

30) Lenski, *St. Mark's Gospel*, 768-69.
31) Ibid., 769.

만난 앉은뱅이를 고쳤다 (행 3:6-8). 그것이 계기가 되어 그들은 수많은 사람들에게 복음을 충분히 전파할 수 있었고 (행 3:12 이하), 그 결과 5,000명이나 믿게 되었다 (행 4:4). 바울도 걸을 수 없는 사람을 신유의 역사로 온전케 했고, 그 결과 많은 사람들에게 복음을 전할 수 있는 계기가 되었다 (행 14:8 이하).

주님이 약속하신 모든 기적은 제자들을 통하여 일어났다. 그렇게 일어난 기적들은 주님이 선택하고 훈련한 후 그 제자들을 보내셨다는 신임장(信任狀)과 같은 것이었다. 뿐만 아니라, 그들이 전한 복음도 제자들이 인위적으로 엮어낸 이야기가 아니라, 실제로 십자가에서 죽으셨다가 사흘 만에 다시 사신 주님의 메시지임이 확증되었다. 제자들을 통해 일어난 기적들은 부활의 주님이 그들과 함께 하면서 그들을 통해 역사하고 있다는 확실한 증거였다.[32]

나가면서

마가복음은 최초의 복음서로, 복음의 전파를 특별히 강조하였다. 그런 까닭에 마가복음은 "하나님의 아들 예수 그리스도의 복음의 시작이라"고 하면서 문을 연다. 그리고 이 시작의 글은 마가복음의 서문이자 동시에 전체에 연연히 스며든 내용이기도 하다.[33] 그러므로 마가는 복음의 주체이며 동시에 복음 그 자체이

---

32) Ibid., 768.
33) A. Elwood Sanner, *Mark, Beacon Bible Commentary*, 제6권, A. F.

신 예수 그리스도의 생애와 사역, 그리고 죽음과 부활을 강조하면서 기록했다.

복음으로 시작된 마가복음은 자연스럽게 복음으로 끝을 맺는다. 그러면서 바로 그 복음이 의심하던 제자들을 변화시켰다는 사실을 알려 준다. 그들은 그들을 변화시킨 그 복음을 전파하는 데 생명을 걸었으며, 그리할 때 주님이 함께 하시면서 여러 가지 기적으로 그들의 사역에 함께 하셨다. 그들이 전한 복음을 들은 사람들은 그 복음에 반응을 보이지 않을 수 없었다. 강력한 메시지와 능력 있는 증거를 수용하든지 아니면 거부하든지 둘 중 하나였고, 그 결과도 그들이 책임질 수밖에 없었다.

"온 천하에 다니며 만민에게 복음을 전파하라"는 주님의 명령은 20세기가 지난 지금도 예수 그리스도의 제자들의 심금(心琴)을 울린다. 그들은 복음 전파에 깊이 헌신하고 있으며, 그리할 때 주님은 약속하신 대로 함께 하면서 역사하신다. 그 역사 가운데는 여러 가지의 기적도 있다. 그러나 무엇보다도 가장 큰 기적은 영혼들의 변화일 것이다. 예수 그리스도를 거부할 뿐 아니라, 전도자들을 핍박하던 많은 사람들이 죄를 회개하고 주님을 믿어 인생이 변화되고 있다. 이것만큼 혁혁한 기적은 없을 것이다.

또 다른 위대한 기적이 있는데, 그것은 교회의 존재와 확장이다. 부활하신 주님이 세우고, 지키고, 그리고 확장시키지 않으신다면 절대로 불가능한 일이다. 지난 20세기 동안 온갖 핍박과 억

Harper 편집 (Kansas City, MO: Beacon Hill Press of Kansas City, 1964), 269.

입에도 불구하고 교회는 사라지지 않고 우뚝 서서 복음의 능력을 가장 잘 드러내고 있다.34) 그뿐 아니라, 교회는 계속적으로 복음 전파에 앞장서면서 마침내 주님의 재림(再臨)을 촉진시키는 놀라운 신앙 공동체의 역할을 감당할 것이다.

---

34) John Charles Ryle, *St. Mark, Expository Thoughts on the Gospels* (Exeter, Great Britain: James Clarke & Co. Ltd., 1955), 367.

참고 도서

Arias, Mortimer. "The Great Commission: Mission as Disciple-ship." *Journal of the Academy for Evangelism in Theological Education*, 제4권. (1988-1989).

Barclay, William. *The Gospel of Mark*. Philadelphia, PA: The Westmin- ster Press, 1975.

Coleman, Robert E. "The Affirmation of the Great Commission." *Journal of the Academy for Evangelism in Theological Education*, 제6권. (1990-1991).

_____. *The Master Plan of Evangelism*, 13쇄. Old Tappan, NJ: Fleming H. Revell Co., 1973.

Cocoris, G. Michael. *Evangelism: A Biblical Approach*. Chicago: Moody Press, 1984.

Cranfield, C. E. B. *The Gospel according to St. Mark. The Cambridge Greek Testament Commentary*, 10쇄. C. F. D. Moule 편집. Cambridge: Cambridge University Press, 1994.

Farmer, William R. *The Last Twelve Verses of Mark*. London: Cambridge University Press, 1974.

Green, Michael. *Evangelism in the Early Church*, 4쇄. Grand Rapids, MI: Wm. B. Eerdmans Publishing Co., 1977.

Kittel, Gerhard 편집. *Theological Dictionary of the New Testament*, 제3권, 9쇄. Geoffrey W. Bromiley 옮김. Grand Rapids, MI: Wm. B. Eerdmans Publishing Co., 1979.

Lenski, R. C. H. *The Interpretation of St. Mark's Gospel*. Minneapolis, MN: Augsburg Publishing House, 1964.

Osei-Mensah, Gottfried. "The Evangelist and the Great Commission." *The Calling of an Evangelist.* J. D. Douglas 편집. Minneapolis, MN: World Wide Publications, 1987.

Ramm, Bernard. *Protestant Christian Evidences,* 17쇄. Chicago: Moody Press, 1977.

Ryle, John Charles. *St. Mark. Expository Thoughts on the Gospels.* Exeter, Great Britain: James Clarke & Co. Ltd., 1955.

Sanner, A. Elwood. *Mark. Beacon Bible Commentary,* 제6권. A. F. Harper 편집. Kansas City, MO: Beacon Hill Press of Kansas City, 1964.

Sedgwick, Obadiah. *The Doubting Believer.* Pittsburgh, PA: Soli Deo Gloria Publications, 1993.

Stott, John R. W. "The Great Commission." *One Race, One Gospel, One Task,* 제1권. Carl F. H. Henry & W. Stanley Mooneyham 편집. Minneapolis, MN: World Wide Publications, 1967.

Towns, Elmer L. 편집. *A Practical Encyclopedia: Evangelism and Church Growth.* Ventura, CA: Regal Books, 1995.

Verkuyl, Johannes. "The Biblical Foundation for the Worldwide Mission Mandate." *Perspectives on the World Christian Movement: A Reader.* Ralph D. Winter & Steven C. Hawthorne 편집. Pasadena, CA: William Carey Library, 1981.

박수암.『마가복음』.『성서주석』, 제32권. 서울: 대한기독교서회, 1993.

홍성철.『불타는 전도자 존 웨슬리』. 서울: 도서출판 세복, 1999.

_____. "전도학."『복음주의 실천신학개론』. 복음주의 실천신학회 편집, 3쇄. 서울: 도서출판 세복, 2002.

"제자를 삼아라"

"제자를 삼아라"

들어가면서

본문을 열면서

나가면서

3

"제자를 삼아라"

(마태복음 28:16-20)

들어가면서

전도는 성경이 가르치는 중요한 주제 중 하나이다. 특히 신약 성경은 전도로부터 시작하여 전도로 끝나는, 그래서 전도의 책이 라고 해도 과언이 아니다. 예수님의 성육신(聖肉身) 자체가 바로 복음전도의 시작이다. 그러므로 마가는 그의 복음서 서두에 "하 나님의 아들 예수 그리스도의 복음의 시작이라"고 하면서 (1:1), 예수님의 생애를 복음의 시작으로 서술했다. 그리고 그분의 재림 은 전도의 완성을 의미한다. 그렇지 않다면 마태는 어떻게 세상 의 종말과 복음의 편만한 전파를 연결시킬 수 있었겠는가?: "이 천국 복음이 모든 민족에게 증거되기 위하여 온 세상에 전파되리 니 그제야 끝이 오리라" (마 24:14). 그러므로 예수님의 초림과 재림 사이에 존재하는 그리스도인과 교회의 핵심적인 사명은 전도에 있다고 할 수 있다.

이러한 전도의 사명은 어떤 이론(異論)이나 공박(攻駁)의 여지를 조금도 남기지 않고 분명하게 그리고 힘 있게 제시되었다. 그것은 주님이 친히 말씀하신 지상명령이다. 지상명령은 주님이 이 세상을 떠나기 직전 사랑하는 제자들에게 마지막으로 남기신 말씀이기도 하다. 이 명령은 복음서 전체와 사도행전 등 다섯 곳에서 찾아볼 수 있다. 그런데 세계 복음화라는 동일한 명제(命題)를 다룬 이 다섯 가지 명령을 좀더 자세히 살펴보면, 흥미롭게도 강조점이 서로 다르다.

마태복음은 복음전도의 방법을 강조한다 (28:16-20). 마가복음은 복음이 전해질 영역을 강조한다 (16:14-18). 그런가 하면 누가복음은 복음의 내용을 제법 구체적으로 다룬다 (24:44-49). 요한복음은 평강과 파송을 말하면서, 그것들을 주시는 분의 권위를 강조한다 (20:19-23). 마지막으로 사도행전은 세계 복음화가 인간의 힘으로만 되는 것이 아니므로, 성령의 도우심을 받아야 한다는 사실을 강조한다 (1:6-8).

이상의 다섯 가지 지상명령의 모든 강조점을 종합적으로 살펴보면, 이 명령이 세계 복음화를 위하여 필요한 모든 것을 포함하고 있는 것을 알 수 있다. 세계 복음화를 위한 뛰어난 방법(method)이 제시되었을 뿐 아니라, 핵심적인 전도의 내용(message)도 들어 있고, 한발 더 나아가서 그 복음을 전달하는 사람(messenger)에 대해서도 언급한다. 그러나 이 장에서는 마태복음을 통해서 제시된 지상명령만을 고찰하면서, 거기에 제시된 방법을 구체적으로 살펴보고자 한다.

본문을 열면서

주님이 마태를 통하여 주신 명령의 핵심은 한 마디로 말해서 "제자를 삼아라"는 것이다. 왜 그것이 주된 명령인지, 그리고 그 의미와 방법은 무엇인지, 주님은 무엇을 근거로 그런 명령을 주시는지, 그리고 그 명령을 받은 제자들이 어떻게 그런 명령을 수행할 수 있는지 등을 알아보기 위하여, 본문의 내용을 살펴볼 필요가 있을 것이다.

> 열한 제자가 갈릴리에 가서 예수께서 지시하신 산에 이르러, 예수를 뵈옵고 경배하나, 아직도 의심하는 사람들이 있더라. 예수께서 나아와 말씀하여 이르시되, "하늘과 땅의 모든 권세를 내게 주셨으니, 그러므로 너희는 가서, 모든 민족을 제자로 삼아, 아버지와 아들과 성령의 이름으로 세례를 베풀고, 내가 너희에게 분부한 모든 것을 가르쳐 지키게 하라. 볼지어다, 내가 세상 끝날까지 너희와 항상 함께 있으리라" 하시니라.
>
> 마태복음 28:16-20

이 지상명령이 갈릴리에서 주어진 것은 중요하다. 왜냐하면 예수님의 공생애가 갈릴리에서 시작되었기 때문이다. 예수님은 마귀에게서 시험을 받으신 후, 이방의 빛으로 갈릴리에서 복음 전파와 제자 선택의 사역을 시작하셨다. 그 때 그분의 모습을 마태는 이렇게 묘사했다. "....이방의 갈릴리여, 흑암에 앉은 백성이 큰 빛을 보았고, 사망의 땅과 그늘에 앉은 자들에게 빛이 비취었도다..." (4:15-16). 이 말씀은 예수님의 사역이 이스라엘에게 국한되지 않을 것이라는 사실을 이미 함축하고 있다.

제자들은 주님의 명령과 무덤에 나타난 천사의 지시에 따라 갈릴리에 모였고 (28:7, 10; 26:32 참조), 그리고 거기에서 그들은 주님으로부터 중차대(重且大)한 명령을 받았다. 그들이 처음 제자로 부름을 받았던 바로 그 곳에서 말이다.[1] 예수님은 공생애의 서두에 제자들을 부르신 똑같은 장소에서 승천하시기 직전에 다시 그들을 만나셨다.

예수님이 제자들에게 마지막으로 부탁하신 것이 있는데, 그것은 바로 "제자를 삼아라"는 명령이었다. 예수님이 가르치고 보여주신 방식대로 다른 사람들을 제자로 삼으라는 부탁이었다. 예수님은 세계 복음화의 방법으로 제자들을 부르셨고, 또 그 목적을 이어갈 제자들에게 다른 사람들을 제자로 삼으라고 명령하셨다. 과연 그분은 초지일관(初志一貫) 제자훈련을 통한 세계 복음화를 고수하셨다.

그런데 갈릴리에 모여서 주님을 기다리던 제자들의 모습은 어떠했는가? 그들은 그처럼 중요한 지상명령을 받을 준비가 되어

---

1) Donald A. Hagner, *Matthew 14-28, Word Biblical Commentary,* 제 33a권, Bruce M. Metzger 편집 (Dallas, TX: Word Books, Publisher, 1995), 883.

있었는가? 그들은 마음을 가다듬기 위하여 기도회라도 가졌는
가? 물론 아니다! 그들의 모습을 마태는 이렇게 그렸다: "열한 제
자가…예수를 뵈옵고 경배하나, 아직도 의심하는 사람들이 있더
라." 그들이 여전히 의심하고 있는 모습도 놀랍지만, 그 못지않게
놀라운 사실은 주님이 바로 그런 모습의 제자들에게 지상명령을
주셨다는 것이다. 그들의 영적 상태와 상관없이 그들 모두에게
그 엄청난 명령을 맡기셨다.

　제자들의 영적 상태를 초월할 수 있는 주님의 권세 때문이었
을까? 그 권세로 제자들의 한계와 의심을 극복시킬 수 있어서일
까? 아니면, 주님은 그들의 현재 상태 너머에 있는 그들의 잠재
력과 가능성을 꿰뚫어 보셨기 때문일까? 그렇다면 주님은 그분
의 초월적인 권세를 사용하셨음에 틀림없다. 아니면 의심하면서
도 주님을 버리지 않고 갈릴리까지 좇아온 그들의 충성심을 높이
사셨을까? 아니면, 주님은 제자들이 그 지상명령을 준수하다가
순교까지 하면서 감당할 것을 미리 아셨기 때문이었을까?

1. 제자를 삼아라

　주님이 제자들에게 갈릴리에서 주신 지상명령은 권위, 명령
및 약속으로 구분할 수 있는데,[2] 먼저 권위에 대하여 살펴보자.

---

2) 존 스토트는 "선포, 명령, 약속"으로 구분한다. John R. W. Stott, "The
Great Commission," *One Race, One Gospel, One Task*, 제1권, Carl
F. H. Henry & W. Stanley Mooneyham 편집 (Minneapolis, MN:
World Wide Publications, 1967), 44 이하.

"하늘과 땅의 모든 권세"가 주님에게 주어졌는데, 그것은 주님에게 새롭게 부여(賦與)된 권위였다. 따라서 그 권위는 이 지상명령을 주실 수 있는 기초(基礎)가 된다. "하늘과 땅"은 우주적 영역을 가리키므로, 주님의 권위는 유대인에게만 해당되는 제한적 권위가 아니라, 모든 이방인들을 포괄하는 우주적 권위이다. "모든 언어와 문화, 민족과 피부색, 인종과 지위라는 장벽을 뛰어넘는 권위이며,"3) 또한 모든 영적 세력을 통제하는 권위이다. 한 마디로 말해서, 이런 권세를 가진 분이 모든 피조물을 주관하시는 주님이시다.

그런 이유 때문에 주님이 "모든 민족을 제자로 삼아라"고 하신 명령은 우주적 사역을 의미한다. 그리고 이 우주적 사역은 주님의 우주적 권위에서부터 나오는 것이다. 그런 까닭에 제자훈련을 통한 복음 전파는 예수님의 주되심(Lordship)을 전파하는 것이다.4) 이런 전파는 이방인들에게 너무나 큰 도전이 될 수 있는데, 그 이유는 그들도 나름대로 섬기는 그들의 주님이 있기 때문이다. 따라서 이런 전파는 필연적으로 갈등과 핍박을 동반할 수 있는 매우 위험한 것일 수 있다.

이런 위험을 감안할 때 "모든 민족을 제자로 삼아라"는 명령이 "그러므로"라는 연결어로 시작되는 이유를 제시한다. 땅에 있는 모든 권세가 주님에게 속해 있기에, 제자들은 감히 세계를 다니

3) Ibid., 45.
4) David J. Bosch, "The Structure of Mission: An Exposition of Matthew 28:16-20," *Exploring Church Growth*, Wilbert R. Shenk 편집 (Grand Rapids, MI: Wm. B. Eerdmans Publishing Co., 1983), 228.

면서 각 민족을 제자로 삼을 수 있는 것이다. 하늘에 있는 모든 권세가 그분에게 있기에, 제자들은 사단의 세력을 이기고 승리할 수 있다는 확신을 갖게 된다.[5] 뿐만 아니라, 모든 권세가 주님에게 있기에 제자들은 자신의 감정을 극복하고, 인격적으로 그분의 명령을 준수할 수 있는 것이다.

"제자를 삼아라"는 명령이 이 지상명령에서 가장 중요한 핵심이라고 보는 데는 분명한 이유가 있다. 다른 명령형 동사(動詞)들이 헬라어 원문에 의하면 모두 분사형(分詞型)인데 반하여, "제자를 삼아라"만 유일하게 본동사(本動詞)이다. 우리는 이러한 언어적인 구조에서 전달하고자 하는 의미를 분명히 알 수 있다. 다른 세 명령형 분사는 "모든 민족을 제자로 삼는" 방편이라는 사실이다. 예수 그리스도의 제자들의 궁극적 목표는 모든 사람을 제자로 만들어야 하며, 그 제자화의 방법이 바로 세 분사형 동사, 곧 "가라," "세례를 주라," "가르치라"이다. 이 동사들이 갖는 의미에 대하여는 나중에 상술(詳述)하기로 하자.

"제자"란 일반적으로 배우는 사람, 학생, 견습생을 말한다. 그러나 사복음서와 사도행전에서 사용된 제자라는 말은 몇 번의 예외를 제외하고는 예수님을 주인(master)으로 추종하는 사람들을 가리킨다.[6] 이런 관계에 의하면, 추종자들은 주인이신 주님에게 완전히 예속(隸屬)되어 있다. 그런 까닭에 그들은 주님에게 완전

---

5) Stott, "The Great Commission," 46.
6) Gerhard Kittel 편집, *Theological Dictionary of the New Testament*, 제4권, 2쇄, Geoffrey W. Bromiley 옮김 (Grand Rapids, MI: Wm. B. Eerd- mans Publishing Co., 1979), 441.

히 헌신해야 한다. 주인의 명령에 절대적으로 순종해야 한다. 한 발 더 나아가서, 그들은 주인과 생사고락(生死苦樂)도 같이 해야 한다. 주인의 고난은 그들의 고난이기도 하다.[7]

이러한 충성의 관계를 누가는 날카롭게 꿰뚫어 보았다. 누가에 의하면, 주님은 제자들이 그분을 겟세마네에서 버리기 전까지 그들을 제자라고 부르셨지만, 그 사건 이후에는 그들을 "좌우"(22:49), "예수를 아는 자들"(23:49), "저희 중 둘"(24:13) 등으로 부르면서 제자라는 칭호를 피하셨다. 주님이 부활하신 후 그들과의 관계를 회복시키고 나서야 다시 제자들이라고 부르셨다. 이것은 주님의 관심이 그의 가르침보다는 인격적이고 추종적 관계에 있었다는 사실을 말해 준다.[8]

주님은 분명한 목적을 가지고 이런 관계를 유지하기를 원하셨다. 그 목적은 예수님이 제자도에 대하여 직접 말씀하신 네 곳에서 찾아볼 수 있다. 첫 번째 말씀은 누가복음 14장 25-35절이다. 여기에서 예수님은 제자들이 다른 어떤 사람과의 관계보다 그분과의 관계를 우선해야 하며, 재물의 소유보다 그분을 소유해야 한다고 강조하셨다. 이것은 십자가를 지는, 다시 말해서, 주님의 뜻에 굴복함으로 주님을 닮아 가는 제자의 삶을 가리킨다.[9]

7) Ibid., 445-50.
8) Ibid., 446-47. 본훼퍼도 제자란 모든 율법적인 관계를 끊고 그리스도에게만 충성하는 것이라고 강조한다. Dietrich Bonhoeffer, *The Cost of Discipleship*, 19세, Ralph P. Martin 옮김 (New York: Macmillan Pub-lishing Co., Inc., 1977), 63을 보라.
9) R. C. H. Lenski, *The Interpretation of St. Luke's Gospel* (Minneapolis, MN: Augsburg Publishing House, 1961), 786.

두 번째 말씀은 요한복음 8장 31절이다. 위의 말씀이 의지적 선택을 통한 관계의 재정립(再定立)이라면, 두 번째는 주님의 진리에 깊이 접하여, 말씀이신 주님의 거룩한 모습을 닮아 가는 제자상(弟子像)이다.10) 세 번째와 네 번째의 말씀은 요한복음 13장 34-35절과 15장 8절이다. 어떤 면에서 이 두 말씀은 먼저 나온 두 말씀, 곧 누가복음 14장과 요한복음 8장의 결과이다. 한편으로 주님과의 관계가 정립되고 다른 한편으로 주님의 형상을 닮아 갈 때, 필연적으로 열매가 맺어지게 된다.

그런데 이 열매는 두 가지 형태로 나타나야 하는데, 하나는 그리스도인들을 향하여, 또 하나는 세상을 향해서이다. 그런 의미에서 세 번째 말씀, 곧 요한복음 13장 34-35절은 조건 없는 형제 사랑이며,11) 네 번째 말씀, 요한복음 15장 8절은 세상을 향한, 다시 말해서, 전도의 열매이다. 그리고 전도의 열매는 그리스도인들이 서로 사랑할 때 자연스럽게 맺힌다. 그러므로 어떤 의미에서, 전도의 열매인 네 번째 말씀은 사랑이라는 세 번째 말씀의 결과이다.12)

위의 말씀들을 종합해 볼 때, 예수님은 제자들이 주님의 삶을 모방해서 그 모방된 삶을 다른 사람들에게 재생산시키려는 목적

---

10) 요한복음 17:19를 참조하라.

11) 펜타코스트는 신자 간의 사랑이 제자의 기호 내지 표지라고 한다. J. Dwight Pentecost, *Design for Discipleship*, 9쇄 (Grand Rapids, MI: Zondervan Publishing House, 1977), 60.

12) 제자훈련과 연관해서 이 성경 구절들이 지닌 의미를 보려면 다음을 보라: 홍성철, 『이렇게 예수 그리스도의 제자가 되자』 (서울: 도서출판 세복, 2004), 33 이하.

을 가지고 제자들을 훈련시키셨다.13) 그렇다면 왜 이러한 제자 훈련이 세계 복음화의 방법이 될까? 이 질문에 대한 응답으로 세계적인 전도자인 레이튼 포드(Leighton Ford)의 말을 인용하는 것도 가치가 있을 것이다.

> 나의 아내에게는 두 형제가 있는데, 하나는 세계적 전도자 빌리 그래함(Billy Graham)이고, 하나는 농부인 멜빈 그래함(Melvin Graham)이다....가령 빌리가 앞으로 32년간, 1년에 다섯 차례의 중요한 전도 집회에서 설교하여, 매번 평균 만 명이 회심한다고 하자. 그 기간 동안 백 오십만여 명이 그리스도 앞으로 돌아오게 될 것이다! 그러나 매년 1년 동안 멜빈은 한 사람을 예수 그리스도에게로 인도하여 그 기간 동안 그 사람이 성장하도록 도왔다고 하자. 그리고 그 다음 해에는 멜빈과 그 사람이 같은 일을 반복하여, 그 다음 해에는 네 명이 되고, 또 그 사람들이 매년 갑절씩 증가한다면, 32년 안에 사십 억 이상의 사람들이 될 것이다.14)

물론 위의 수치(數値)대로만 되는 것은 아니지만, 그래도 주님이 세계 복음화를 위한 가장 완전하고 가장 효과적인 방법을 마태복음에서 제시하신 것을 알 수 있다. 이러한 방법을 깊이 파악한 바울 사도도 그의 영적 아들인 디모데에게 같은 원리를 가르

---

13) 콜만은 예수께서 제자들을 선택하신 후 훈련시키시고, 마침내 재생산하게 하신 과정을 여덟 가지(선택, 동거, 헌신, 분여, 시범, 위임, 감독, 재생산)로 간결하게 요약하였다. 로버트 콜만, 『주님의 전도계획』, 홍성철 옮김 (서울: 생명의 말씀사, 1979)을 보라.

14) 레이튼 포드, 『사귀는 전도, 나누는 전도』, 이숙희 옮김 (서울: 죠이선교회출판부, 1989), 118-19.

쳤다: "또 네가 많은 증인 앞에서 내게 들은 바를 충성된 사람들에게 부탁하라. 저희가 또 다른 사람들을 가르칠 수 있으리라"(딤후 2:2). 이 말씀은 가르침의 전수(傳受)이다.

그러나 좀더 깊이 그 말씀을 음미하면, 이것은 단순한 가르침이 아니라, 동시에 신앙과 삶의 전수이다. 이 원리에 의하면, 주님이 훈련하신 방법은 자신의 삶이었으며, 또한 그 삶을 물려받은 제자들의 삶이었다. 그렇다면 주님은 이 삶의 전수가 어떤 방법으로 실천되어야 한다고 말씀하셨는가? 그 방법은 이미 언급한 대로 바로 지상명령에 담겨진 세 가지 명령형 분사이다. 다시 말해서, "가라," "세례를 주라," "가르치라"이다.

2. 가라

이 단어에는 여러 가지 뜻이 있으나, 가장 기본적인 의미는 "간다," "여행한다," "출발한다"로, 한 장소에서 다른 장소로 옮겨가는 것을 뜻한다.15) 특히 주님이 "가라"고 명령하시는 것은 "모든 민족"을 제자로 삼으라는 목적 때문이다. 그 목적을 이루기 위해서 제자들은 민족적 종교와 문화의 모든 자부심을 초월하여 이스라엘이라는 국경선을 의도적으로 넘어가야 한다.16) 이러한 의

---

15) 이 단어에 해당하는 헬라어 *포류오마이*(πορευομαι)는 "간다," "죽는다," "행한다" 등의 의미를 갖는다. Gerhard Kittel & Friedrich Kittel 편집, *Theological Dictionary of the New Testament*, 제6권, 8쇄, Geoffrey W. Bromiley 옮김 (Grand Rapids, MI: Wm. B. Eerdmans Publishing Co., 1979), 573 이하 참조.

16) Johannes Blauw, *The Missionary Nature of the Church* (Grand

미에서 마태가 사용한 "가라"는 단어는 선교를 위한 전문적인 용
어가 될 수 있다. 실제로 부활하신 주님이 우주적 제자화라는 사
명을 갖고 세상에 있는 "모든 민족"을 향하여 "가라"고 하신 명령
은 지역을 초월한 선교의 명령임에 틀림없다.

그러면 어떻게 가야 하는가? 그것은 다음과 같이 두 가지로
설명할 수 있다. 첫째, "가기" 위해서는 가고자 하는 마음, 곧 굴
복이 있어야 한다. 이런 굴복은 종적(縱的)으로 위에 계신 주님의
명령에 대한 것이다. 이와 같은 굴복이 따르지 않는다면 "가라"는
명령은 아무런 의미도 갖지 못한다. 결국, "가라"는 동사는 당연
히 굴복을 전제로 하지 않으면 안 된다. 그리고 그렇게 굴복하고
가기 위해서는 자신을 비워야 한다. 예수님이 하나님의 곁을 떠
나서 세상으로 오기 위하여 자신을 비우신 것처럼 비워야 한다
(빌 2:7).

성경에 기록된 많은 역사들은 이와 같이 주님의 뜻에 굴복한
사람들을 통해 이루어졌다. 이스라엘의 시조 아브라함을 보자.
하나님이 그에게 이렇게 말씀하신 적이 있다: "너는 너의 고향과
친척과 아버지의 집을 떠나 내가 네게 보여 줄 땅으로 *가라*" (창
12:1). 여기에서 "가라"는 명령은 무조건적인 굴복을 요구한다.

Rapids, MI: Wm. B. Eerdmans Publishing Co., 1962), 86. 버카일은 사
회적, 종족적, 문화적, 지리적 국경선을 넘어가야 하는 사실을 강조한
다. Jo-hannes Vcrkuyl, "The Biblical Foundation for the Worldwide
Mis- sion Mandate," *Perspectives on the World Christian
Movement: A Reader*, Ralph D. Winter & Steven C. Hawthorne 편집
(Pasadena, CA: William Carey Library, 1981), 49를 보라.

물론 아브라함이 그 명령을 거부하고 그의 고향에서 평안히 거주할 수도 있었다. 그러나 그는 굴복했고, 그 결과 순례의 길에 들어섰다. 그 굴복의 결과는 너무나 놀라운 것이었는데, 곧 그는 믿음의 조상이 되는 영광을 가졌다.

하나님은 "가라"는 명령을 요나에게도 주신 적이 있었다. "너는 일어나 저 큰 성읍 니느웨로 *가서...외치라...*" (욘 1:2). 요나가 굴복하지 않고 다른 곳으로 갔을 때, 그 자신의 운명은 물론 니느웨의 많은 사람들의 운명이 위태로웠다. 우여곡절을 거치면서 마침내 요나가 그 명령에 굴복하자, 그 자신도 소생하고 니느웨의 많은 사람들도 소생하는 은혜의 역사가 있었다. 마찬가지로, 예수님이 제자들에게 "가라"고 하신 것은 그들 자신은 물론 많은 사람들의 운명을 바꾸기 위하여 굴복해야 한다는 것을 의미한다.

그러나 산 넘고 물 건너 다른 지역으로 간다고 해서 저절로 제자를 만드는 사역이 이루어지는 것은 아니다. 언어와 문화가 전혀 다른 민족에게는 더욱 어려운 일이다. 그런 까닭에 "가라"는 명령이 지니고 있는 두 번째 *橫的(횡적)*으로 사용된 의미도 함께 살펴보아야 한다. "가라"는 동사는 "장소를 옮긴다"는 뜻에서 파생되어 도덕적 의미인 "행하다"를 뜻할 때도 있다. 예를 들면, 누가는 그 동사를 다음과 같이 "행하다"의 의미로 사용한다. "이 두 사람이 하나님 앞에 의인이니, 주의 모든 계명과 규례대로 흠이 없이 '행하더라'" (눅 1:6; 벧전 4:3; 벧후 2:10, 3:3; 유 16, 18 등 참조).

여기에서 "행하다"의 의미는 삶에서 일어나는 모든 행위를 말한다. 다시 밀해서 "행하다"는 동사는 삶 자체를 가리킨다. 이런 뜻을 염두에 두고 주님의 지상명령을 재고해 보면, "가라"는 명령은 그리스도인의 삶의 현장을 포괄(包括)한다. 그가 어디에서 무엇을 하든지 바로 그 곳이 "제자를 삼는" 처소가 되는 것이다. 횡적으로 삶의 현장에서 삶을 보여 줄 수 없다면 그는 더 이상 훈련자는 아니다. 그들이 어디에서 무엇을 하든지 바로 그 곳이 "제자를 삼는" 처소가 되는 것이다.

그 실례를 예수님의 공생애(公生涯)에서 쉽게 찾을 수 있다. 그분은 삶의 현장에서 소수의 제자들과 함께 생활하며 그분의 삶을 나누셨다. 그러므로 그분의 삶 자체가 바로 교과서요 방법이었다.17) 제자들은 그분의 삶 속에서 서서히 그분을 닮아갔고, 그리고 다시 그들의 삶에서 "모든 민족"을 제자로 삼으라는 명령을 받게 되었다. 다시 말하면, 그들이 있는 곳에서 그들의 삶을 나누어야 한다는 것이다. 먼저는 그들이 있는 그들의 "예루살렘"에서, 그 후에는 주님이 인도하시는 "모든 민족"이 존재하는 "땅 끝"에서이다.

3. 세례를 주라

세례는 불신자가 주님에게로 돌아온 후 첫 순종의 표시로 행해지는 예식이다. 이러한 세례의 의미를 잘 설명해 주는 모형(模型)이 구약에 셋이 있다. 그것은 홍수 (창 6-9장), 홍해의 갈라짐

---

17) 로버트 콜만, "지상명령을 실천하는 생활양식," 『오늘의 전도, 어떻게 볼 것인가?』, 로버트 콜만 편집, 임태순 옮김 (서울: 죠이선교회출판부, 1993), 149를 보라.

(출 14장), 할례(창 17장)이다. 이 모형들은 신약에서 각각 해석된 바, 주님의 죽음과 부활을 통하여 심판에서 은혜로, 속박에서 자유로, 그리고 실패에서 언약 관계로 옮겨지는 경험을 강조한다 (벧전 3:19-21, 고전 10:1-2, 골 2:11-12).

여기에서 "주님의 죽음과 부활을 통하여"는 불신자가 그분에 대한 믿음을 통하여 주님과 하나가 되는 연합(identification)을 말한다. 뿐만 아니라, 세례 예식을 통하여 교회의 일원(一員)이 되는, 다시 말해서, 교회와 하나가 되는 것을 말한다. 그러므로 세례는 근본적으로 연합이다.18)

세례는 성령세례와 물세례가 있는데, 먼저, 성령세례에 대하여 알아보자. 고린도전서 12장 13절은 성령세례에 대하여 알려주는 중요한 구절이다. "우리가 유대인이나 헬라인이나 종이나 자유인이나 다 한 성령으로 세례를 받아 한 몸이 되었고, 또 다한 성령을 마시게 하셨느니라."19) 이 구절에서 첫 번째의 강조점은 성령세례를 받은 사람들이란 바로 모든 믿는 자들을 가리킨다. 두 번째의 강조점은 성령세례를 받은 결과로, 그리스도의 몸안으로 들어갔다는 사실이다.

여러 종족과 문화적 배경이 다른 각종의 사람들로 구성된 몸

---

18) William L. Banks, *In Search of the Great Commission* (Chicago: Moody Press, 1991), 81.
19) 오순절의 경험(행 2:1-4)에 대하여 마태복음 3:11; 마가복음 1:7-8; 누가복음 3:16; 요한복음 1:33; 사도행전 1:4-5, 11:15-17에서 언급된 성령세례는 고린도전서 12:13에서 언급된 성령세례와 서로 다른 의미이기에 여기에서는 다루지 않는다.

온 물론 우주적 교회이다. 그러므로 성령세례는 복음 전파의 결과로 회심된 사람들이 성령의 내주를 통하여 우주적 교회의 일원이 되는 사실을 가리킨다. 여기에서 성령세례를 통하여 우주적 교회, 곧 그리스도의 몸에 속한다는 사실은 *종적* 관계를 강조하는 표현이다. 제자를 삼는 사역에 헌신한 그리스도인들은 무엇보다도 그들로부터 훈련받을 사람들이 구세주이신 그리스도에게 귀속(歸屬)했다는 사실을 분명히 하지 않으면 안 된다.

이처럼 성령의 역사로 거듭나서 우주적 교회, 곧 그리스도의 몸의 지체가 된 그리스도인은 반드시 지역 교회의 일원이 되어야 한다. 그는 지역 교회에 속한 사람들과 *횡적*인 관계를 맺으면서 성장해야 한다. 지역 교회의 일원이 되는 방법이 바로 물세례이다. 성령세례를 통하여 그리스도와 연합되었다면, 물세례를 통하여 지역 교회와 연합되어 그 교회의 중요한 회원이 되는 것이다.

그러면 주님이 제자화의 한 방법으로 "세례를 주라"고 하신 뜻이 분명해진다. 먼저, 믿지 않는 자들에게 복음을 전하여 회개와 믿음을 통한 중생을 경험하게 해야 한다.[20] 복음의 전달자가 되지 않고서는 주님의 제자가 될 수 없다는 말씀이다. 그 다음에, 거듭난 신자를 교회로 인도하여, 그 교회를 중심으로 양육받고, 사랑의 교제를 나누며, 잃어버린 영혼들을 위한 전도를 익히도록 해야 한다는 것이다.

---

20) 세례에는 죄에 대한 회개와 그리스도에 대한 믿음을 내포하며, 그 결과 그분의 제자가 되는 것을 함축한다. Willoughby C. Allen, *A Critical and Exegetical Commentary on the Gospel according to St. Matthew*, 3쇄 (Edinburgh: T. & T. Clark, 1977), 305.

4. 가르치라

세례를 통하여 새 신자가 지역 교회의 일원이 되면, 그는 그 교회를 통하여 신앙적으로나 인격적으로 성장해서 성숙한 그리스도인이 되어야 한다. 그러면 그는 온전한 주님의 제자가 되어 위로 하나님의 영광을 드러내며 아래로 다른 사람들에게 좋은 영향을 미치게 된다. 그런데 그러한 성장 과정에서 빼놓을 수 없는 것이 바로 교육이다. 그런 이유 때문에 주님은 지상명령 안에 "내가 너희에게 분부한 모든 것을 가르쳐 지키게 하라"는 말씀을 포함시키셨다.

삼 년이나 주님을 따르면서 삶을 수반(隨伴)하는 주님의 말씀을 보고, 배우고, 모방한 제자들에게 주님은 같은 사역을 하라고 분부하셨다. 그들도 그들의 영향권에 들어온 제자들에게 삶을 보여 주면서 주님의 분부를 가르치고 나누어 주지 않으면 안 되었다. 그들의 삶을 통해서 주님의 모습을 닮아 가는 제자들을 재생산하기 위해서이다. 그러므로 "가르치라"는 명령은 말씀에 지배된 삶을 전수하라는 의미도 포함된다.

가르침의 내용은 주님이 분부하신 모든 것이다.[21] 이처럼 훈련자가 훈련을 받는 사람에게 주님의 분부를 가르치는 목적은 크게 두 가지이다. 첫째는 종적으로 주님을 닮기 위한 것이다. 그는

---

21) 주님의 분부는 사복음서뿐 아니라, 신구약 전체를 가리킨다. Kenneth L. Gentry, Jr., *The Greatness of the Great Commission* (Tyler, TX: Institute for Christian Economics, 1990), 69-71.

주님의 분부를 배우면서 주님의 마음을 조금씩 알아간다. 그러면서 그는 점진적으로 세상적인 사고와 언행을 버리게 되며, 동시에 그만큼 주님을 닮아간다. 비록 그는 세상에 살고 있지만, 더 이상에 세상에 속하지 않은 성별된 그리스도인으로 성화(聖化)되어 간다.

둘째 목적은 횡적으로 다른 사람들에게 나누어 주기 위한 것이다. 주님의 분부를 배운 예수 그리스도의 제자는 그것을 결코 혼자만 소유하고 있으면 안 된다. 이 사실은 성화의 의미를 살펴볼 때도 분명하다. 성화는 세상으로부터 분리되어 주님에게 귀속되는 것이다. 그러나 성화는 거기에서 끝나지 않는다. 그렇게 주님에게 귀속된 예수 그리스도의 제자는 다시 주님으로부터 보내심을 받아 세상으로 돌아가야 한다.

왜 세상으로 돌아가야 하는가? 그 이유는 간단하다! 성화는 위로 하나님의 영광을 드러내기 위함이지만, 동시에 아래로 다른 사람들에게 그런 삶을 보여 주어야 하기 때문이다. 그런 까닭에 그는 다시 세상으로 돌아가야 한다. 세상에서 구세주를 알지 못하는 사람들에게 그가 배운 것을 나누어 주어야 한다. 물론 그 배움의 열매인 거룩한 삶을 증거로 보여 주면서 나누어야 한다. 그러므로 가르침은 언제나 횡적 사역을 궁극적인 목적으로 삼는다.

5. 약속

인간적으로 볼 때 "모든 민족을 제자로 삼는다"는 것은 불가능한 일이다. 그런 까닭에 주님은 명령을 주시기에 앞서 그 명령을 내리시는 분이 누구인가를 "권위" 있게 선포하셨다. 그리고 명령 —그 내용과 방법—을 주신 후 두 가지 약속을 하셨다. 첫째 약속 은 시간에 관한 것이다. "세상 끝날까지" 함께 하시겠다는 약속은 복음이 온 세상에 골고루 전해지는 동안, 다시 말해서, 복음의 시대가 끝나는 날까지 주님이 함께 하시겠다는 약속이었다 (마 24:14, 롬 11:25 참조). 주님이 "왕 중의 왕이요 주 중의 주"로 다 시 오실 때까지, 그리스도의 제자들은 "모든 민족을 제자로 삼는" 삶에 신실해야 한다. 그리고 주님은 그런 신실한 제자들과 함께 하시겠다고 약속하셨다.

둘째 약속은 "너희와 항상 함께 있으리라"로, 그리스도인이 이 중요하고도 의미심장한 사역에 몰입(沒入)하고 있을 때 주님이 친히 임재하시겠다는 것이다. 그분의 임재는 구약성경의 *쉐키나* (shekinah)의 개념에서 유래(由來)한 것으로, 모세, 여호수아, 기 드온과 같은 사람들이 위험하나 중요한 사역을 담당할 수 있도록 야웨 하나님이 그들 가운데 임재하시어, 힘을 주시고, 격려하시 는 것을 의미한다.[22] 그런 사역들 못지않게 어렵고 위험한 우주 적 제자화를 제자들이 수행할 때, 함께 하시면서 그들에게 필요 한 능력과 방법과 격려와 인도를 아끼지 않으시겠다는 부활하신 주님의 약속이다.

그런데 "내가 세상 끝날까지 너희와 항상 함께 있으리라"는 약

---

22) Allen Hadidian, *Successful Discipling*, 2쇄 (Chicago: Moody Press, 1979), 66.

속을 하신 분은 두말할 필요도 없이 지상명령을 주신 주님이었
다. 그러나 이 약속을 하신 주님은 부활 후 제자들과 함께 계셨으
나, "항상" 함께 하신 것이 아니라, 간헐적(間歇的)으로 함께 하셨
다. 그리고 "세상 끝날까지"가 아니라 겨우 40일이었다.

그 후 주님은 승천하셔서 하나님 우편에 앉으셨다. 그렇다면
주님의 약속은 어찌되었는가? 주님은 이런 딜레마를 요한복음에
서 보충적으로 설명하셨다: "내가 아버지께 구하겠으니, 그가 또
다른 보혜사를 너희에게 주사 영원토록 너희와 함께 있게 하시리
라....너희는 저를 아나니 저는 너희와 함께 거하심이요, 또 너희
속에 계시겠음이라" (요 14:16-17).

주님의 약속은 "다른 보혜사," 곧 성령이 그들에게 강림하심으
로 이루어졌다. 결국, 제자훈련을 통한 세계 복음화는 주님의 명령
에 굴복한 제자들에게 임한 성령의 몫이었다. 예수님이 십자가에
서 고난받으실 때 그분을 버린 제자들이 그들의 결심만으로 어떻
게 그런 엄청난 사역을 감당할 수 있었겠는가? (마 26:56). 작은
하녀 앞에서도 신앙을 부인한 베드로와 그 무리들이 어떻게 로마
제국을 향하여 복음을 선포할 수 있었겠는가? (마 26:69-74). 유대
인들을 두려워하여 문들을 꼭꼭 걸어 닫고 숨어 있던 그들이 어떻
게 유대인들에게 당당히 나아갈 수 있었겠는가? (요 20:19). 부활
하신 주님을 만나 뵌 후에도 다시 물고기를 잡으러 간 그들이 어떻
게 "모든 민족"을 제자로 삼을 수 있었겠는가? (요 21:1-3).

주님은 제자들이 이처럼 무기력한 존재들일 뿐 아니라, 그들
의 지혜와 방법만으로는 "모든 민족"을 제자로 삼을 수 없다는 것

을 너무나 잘 아셨다. 그런 까닭에 주님은 성령의 임재와 능력을 약속하셨던 것이다. 그리고 약속대로 성령이 그들에게 강림했을 때, 그들은 완전히 변화되었다 (행 2:1-4).

그들이 이처럼 성령으로 충만함을 받자, 그들은 "담대하게 말씀을 전하게 되었다" (행 4:13, 5:29, 7:51, 9:27). 그들의 말씀과 더불어 많은 기적도 일어났으며, 무엇보다도 많은 회심자가 생겼다. 그리고 그 회심자들이 제자로 훈련되면서 복음은 그들을 통하여 예루살렘에서 유대로, 유대에서 사마리아로, 그리고 사마리아에서 땅 끝으로 전해졌다. 주님은 제자들에게 하신 약속을 그대로 이행하셨고, 따라서 그 제자들을 통하여 "모든 민족"에게 복음을 전할 수 있도록 능력을 주셨다.

나가면서

세계 복음화라는 주님의 대 명령은 지금까지 신실하게 준행되어 그 물결이 우리나라에까지 이르렀다. 한반도에 상륙한 그 물결은 전국 방방곡곡으로 퍼져나갔으며, 이제는 그 영향력이 미치지 않은 곳이 없을 정도이다. 과연 주님의 권세이며 동시에 주님의 임재의 결과라 아니할 수 없다. 또한 한국의 많은 그리스도인들이 그것으로 만족하지 않고, 모든 그리스도인을 주님의 제자로 삼아야 한다는 우주적 제자화의 명령에 순종하려는 운동이 여기저기에서 일어난 것도 주님이 한국 교회에 쏟으시는 은총이라고 아니할 수 없다.

그러나 이러한 제자화의 운동이 주님의 지상명령에 보다 더 부합(符合)되고 일치되게 하기 위하여 몇 가지 제언(提言)을 하고자 한다. 이런 제언을 수용하면 우리 한국 교회가 내적으로나 외적으로나 보다 귀하게 쓰임받게 될 것이기 때문이다.

첫째로, 우리 한국 교회는 제자훈련을 교실에 국한시키는 경향을 극복해야 한다. 일반적으로 지도자의 강의와 학생들의 반응이 교실에 국한되는 훈련은 다분히 이론에 치우쳐서 현장감(現場感)을 상실하기 쉽기 때문이다. 물론 지적 훈련도 필요하지만, 그 훈련이 매일의 생활에 적용되어 우리의 삶을 지배하지 못한다면, 아는 것과 실제의 삶 사이의 괴리(乖離)를 해결하지 못할 것이다. 어쩌면 이런 이유 때문에 소위 제자훈련을 받는 사람들 중 다수가 앎과 삶 사이에서 심한 갈등을 갖고 있는지도 모른다. 그런 이유 때문에 우리 주님은 제자화의 한 중요한 방법으로 "가라"고 하면서 삶의 현장을 강조하셨다.23)

둘째로, 우리 한국 교회는 전도 없는 제자훈련을 극복해야 할 것이다. 우주적 제자화는 결국 세계 복음화가 목적이며, 그렇게 될 때 주님의 나라가 완성되기 때문이다. 주님이 "아버지와 아들과 성령의 이름으로 세례를 주라"고 하신 말씀을 다시 한 번 심각하게 음미하고 순종해야 할 것이다.

---

23) 본문의 "가라," "세례를 주라," "가르치라"를 "개인의 삶," "신앙 공동체의 삶," "세상에서의 삶"으로 적용된 사실을 보려면 다음을 참고하라: 홍성철, 『이렇게 예수 그리스도의 제자가 되자』, 202 이하.

잃어버린 영혼들에 대한 관심과 전도 없이 어떻게 그들을 위하여 십자가에 죽으신 주님의 심정을 이해할 수 있으며, 그것을 이해하지 못하면 어떻게 "자기 십자가를 지고" 주님을 따르는 주님의 제자가 될 수 있겠는가? (눅 14:27) 그러므로 한국 교회는 구체적인 전도의 훈련을 포함시킨 제자화 운동을 활성화시켜야 한다.

셋째로, 우리 한국 교회는 삶의 변화를 수반(隨伴)하지 못하는 제자훈련을 극복해야 할 것이다. 이미 언급한 대로, "내가...분부한 모든 것을 가르쳐 지키게 하라"는 명령은 지적 전수이자 동시에 삶의 전수이다. 삶의 전수란 한 마디로 말해서 삶의 모델이 되어야 한다는 뜻이다. 우리 주님도 이처럼 모델이 된 삶을 나누기 위하여 "자기와 함께 있게 하시려고" 제자들을 부르셨다 (막 3:14).

과연 홍수처럼 쏟아져 나오는 제자훈련의 교재들이 모델을 대체(代替)할 수 있겠는가? 제자훈련에 헌신된 영적 지도자들은 깨끗한 삶, 거룩한 삶, 희생적 삶, 종 된 삶을 보여 주어야 한다. 한 마디로 말해서, 성경적인 삶을 과감하게 보여 주며, 또 나누어 주어, 그들의 삶을 그들의 제자들로 하여금 본받게 해야 할 것이다. 그렇게 변화된 제자들은 또 다른 사람들에게 그와 같은 삶을 전수할 수 있을 것이다.

넷째로, 우리 한국 교회는 조직과 제도를 의지하는 제자훈련을 극복해야 할 것이다. 물론 교회는 조직과 제도를 필요로 한다. 그러나 그것들이 성령의 임재와 능력을 대체할 수는 없다. 한 영혼이 복음으로 변화될 뿐 아니라, 그가 다시 주님의 제자가 된다는 것은 성령의 역사가 없으면 불가능하다. 우리를 두렵게 하는 것은 성령의 역사가 없어도 교회가 유지될 수 있다는 사실이다. 그러나 그런 교회는 회심과 제자화라는 은총의 열매가 있을 수 없다.

그러므로 한국 교회는 다시 무릎을 꿇고 성령의 충만을 위하여 주님 앞에 울부짖어야 할 것이다. 120명의 성도가 10일 동안 "전혀 기도에 힘쓴 것"처럼 말이다 (행 1:14). 그리할 때 한국 교회는 위로부터 주시는 성령 충만을 새롭게 경험하고, 제자화를 통한 세계 복음화에 끊임없이 쓰임받을 것이다. 제자들이 기도할 때 그 기도는 하늘문을 열고 성령을 목말라하며 애타게 기다리는 사람들에게 부어 주실 것이 틀림없다. 그리할 때 "나라이 임하옵시며"라는 주님의 기도가 속히 이 세상에서 이루어질 것이다.

참고 도서

Allen, Willoughby C. *A Critical and Exegetical Commentary on the Gospel according to St. Matthew*, 3쇄. Edinburgh: T. & T. Clark, 1977.

Banks, William L. *In Search of the Great Commission*. Chicago: Moody Press, 1991.

Blauw, Johannes. *The Missionary Nature of the Church*. Grand Rapids, MI: Wm. B. Eerdmans Publishing Co., 1962.

Bonhoeffer, Dietrich. *The Cost of Discipleship*, 19쇄. Ralph P. Martin 옮김. New York: Macmillan Publishing Co., Inc., 1977.

Bosch, David J. "The Structure of Mission: An Exposition of Matthew 28:16-20." *Exploring Church Growth*. Wilbert R. Shenk 편집. Grand Rapids, MI: Wm. B. Eerdmans Publishing Co., 1983.

Gentry, Kenneth L. Jr., *The Greatness of the Great Commission*. Tyler, TX: Institute for Christian Economics, 1990.

Hadidian, Allen. *Successful Discipling*, 2쇄. Chicago: Moody Press, 1979.

Hagner, Donald A. *Matthew 14-28. Word Biblical Commentary*, 제 33a권. Bruce M. Metzger 편집. Dallas, TX: Word Books, Publisher, 1995.

Kittel, Gerhard 편집. *Theological Dictionary of the New Testament*, 제4권, 2쇄. Geoffrey W. Bromiley 옮김. Grand Rapids, MI: Wm. B. Eerdmans Publishing Co., 1979.

_____ & Friedrich Kittel 편집. *Theological Dictionary of the*

New Testament, 제6권, 8쇄. Geoffrey W. Bromiley 옮김. Grand Rapids, MI: Wm. B. Eerdmans Publishing Co., 1979.

Lenski, R. C. H. *The Interpretation of St. Luke's Gospel.* Minneapolis, MN: Augsburg Publishing House, 1946.

Pentecost, J. Dwight. *Design for Discipleship*, 9쇄. Grand Rapids, MI: Zondervan Publishing House, 1977.

Stott, John R. W. "The Great Commission." *One Race, One Gospel, One Task*, 제1권. Carl F. H. Henry & W. Stanley Mooneyham 편집. Minneapolis, MN: World Wide Publications, 1967.

Verkuyl, Johannes. "The Biblical Foundation for the Worldwide Mission Mandate." *Perspectives on the World Christian Movement: A Reader.* Ralph D. Winter & Steven C. Hawthorne 편집. Pasadena, CA: William Carey Library, 1981.

콜만, 로버트. "지상명령을 실천하는 생활양식."『오늘의 전도, 어떻게 볼 것인가?』. 로버트 콜만 편집. 임태순 옮김. 서울: 죠이선교회출판부, 1993.

_____.『주님의 전도계획』. 홍성철 옮김. 서울: 생명의 말씀사, 1979.

포드, 레이튼.『사귀는 전도, 나누는 전도』. 이숙희 옮김. 서울: 죠이선교회출판부, 1989.

홍성철.『이렇게 예수 그리스도의 제자가 되자』. 서울: 도서출판 세복, 2004.

"기다리라"

"기다리라"

4

"기다리라"

(누가복음 24:44-49)

들어가면서

십자가 위에서 인류의 죄 값을 치루기 위하여 구속의 죽음을 당하신 우리 주 예수 그리스도는 죽은 지 삼 일 만에 다시 살아나셨다 (고전 15:1-4). 그 후 우리 주님은 부활하신 몸으로 여러 제자들에게, 여러 가지 목적을 위하여, 여러 차례 나타나셨다. 그리고 소정의 목적을 마치자, 그분은 제자들이 보는 앞에서 하늘나라로 올라가셨다 (눅 24:50-51).

우리 주님은 부활 후 저 짧은 사십 일 동안 낙담한 제자들을 위로하셨고, 의심하는 제자들에게 확신도 주셨고, 타락한 제자들을 회복시키기도 하셨다. 그뿐 아니라 우리 주님은 제자들에게 새로운 기원(紀元)으로 들어갈 준비도 시키셨다. 그러나 가장 중요한 것은 역시 제자들에게 지상명령을 주신 것이다.

이 지상명령은 이미 여러 차례 언급된 것처럼 모든 복음서의 마지막 부분과 사도행전의 첫 부분에서 찾을 수 있다. 누가복음에서 지상명령은 그 마지막 장인 24장에 나오는데, 흥미롭게도 부활의 첫 장면과 승천(昇天) 장면 사이에 삽입되어 있다.[1] 그런 까닭에 누가복음만 본다면 부활과 승천이 거의 동시에 발생한 두 사건으로 생각할 수 있다.

물론 이 두 사건은 동시에 일어나지 않았다. 왜냐하면 이 복음서의 저자 누가는 다른 곳에서 주님이 부활하신 후 제자들에게 사십 일 동안 그 몸을 보이셨다고 기록하고 있기 때문이다.[2] 그렇다면 왜 누가는 이 두 사건을 이처럼 동시적인 것처럼 묘사하였는가? 그것은 그 사이에 존재하는 지상명령의 중요성을 강조적으로 드러내기 위함이었을 것이다.

그러면 이처럼 강조된 그리고 부활과 승천 사이에 있는 우리 주님의 지상명령은 무엇을 강조하고 있는가? 누가복음은 다른 복음서의 지상명령과는 달리 그 명령의 내용과 능력을 특히 강조하였다.[3] 그 이유는 간단하다! 주님은 이미 제자들에게 "만민에게 복음을 전파하라"고 명령하신 바 있었기 때문이다 (막 16:15). 이제 승천하실 날이 이르러서, 제자들에게 마지막으로 전하실 것은 복음의 내용과 그 복음을 전할 때 필요로 하는 능력이었다.

1) 부활의 첫 장면은 누가복음 24:1 이하에 나오며, 승천의 장면은 24:50-53에 나온다.
2) 사도행전 1:3.
3) John T. Seamands, *Harvest of Humanity: The Church's Mission in Changing Times* (Wheaton, IL: Victor Books, 1988), 35 이하.

본문을 열면서

그러면 누가복음의 지상명령이 내용과 능력을 어떻게 강조하였는가를 고찰하기 위하여 먼저 본문을 보아야 할 것이다:

> 또 이르시되, "내가 너희와 함께 있을 때에 너희에게 말한 바, 곧 모세의 율법과 선지자의 글과 시편에 나를 가리켜 기록된 모든 것이 이루어져야 하리라 한 말이 이것이라" 하시고, 이에 그들의 마음을 열어 성경을 깨닫게 하시고, 또 이르시되, "이같이 그리스도가 고난을 받고, 제 삼 일에 죽은 자 가운데서 살아날 것과, 또 그의 이름으로 죄 사함을 받게 하는 회개가 예루살렘으로부터 시작하여 모든 족속에게 전파될 것이 기록되었으니, 너희는 이 모든 일의 증인이라. 볼지어다, 내가 내 아버지께서 약속하신 것을 너희에게 보내리니, 너희는 위로부터 능력으로 입혀질 때까지 이 도시에 유하라" 하시니라.
>
> 누가복음 24:44-49

이 지상명령이 다른 곳의 명령과는 달리 이처럼 복음을 상세히 기록한 이유는 주님이 부활과 승천 사이에 제자들에게 친히 가르치신 모든 것들을 요약적이면서도 결론적으로 응축(凝縮)하고 있기 때문이다.[4] 그리고 바로 그런 이유 때문에 누가복음의 지상명령은 그만큼 더 큰 가치를 지니고 있다고 할 수 있다. 그러면 이처럼 가치 있는 지상명령의 특징을 분석하면서 어떻게 복음

---

4) Alfred Plummer, *A Critical and Exegetical Commentary on the Gospel according to St. Luke*, 5쇄 (Edinburgh: T. & T. Clark, 1977), 561.

의 내용과 능력이 강조되었는가를 살펴보자.

1. 성경대로

이 지상명령의 서두(序頭)에서 두드러지게 강조된 것은 이 명령의 내용이 성경에 근거한다는 사실이다 (24:44-45). 주님은 특히 구약성경에 근거해서 이 명령을 주신다고 말씀하면서, 구약성경을 "모세의 율법과 선지자의 글과 시편"이라고 지칭(指稱)하셨다. 이처럼 주님이 구약성경 전체를 세 부분으로 나누어서 말씀하신 이유는 그 구약성경의 어떤 부분이든 상관없이—그것이 율법서이든, 예언서이든, 아니면 시편이든—모두 주님 자신을 가리키고 있다는 사실을 강조하시기 위해서였다. 이것을 다른 말로 표현하면, 예수 그리스도를 제거하면 구약성경의 어떤 부분도 옳게 그리고 적절하게 깨달을 수 없다는 말이다.[5]

그런 이유 때문에 바울 사도도 복음을 힘주어 설명할 때, 예수 그리스도가 *성경대로* 우리 인간의 죄를 대신하여 십자가 위에서 죽으셨다고 공언하였다. 그리고 다시 *성경대로* 죽은 후 사흘 만에 다시 부활하셨다고 아주 명쾌하게 선언하였던 것이다.[6] 여기에서 바울 사도가 지칭한 성경은 두말할 필요도 없이 구약성경이었다.

---

5) R. C. H. Lenski, *The Interpretation of St. Luke's Gospel* (Minneapolis, MN: Augsburg Publishing House, 1946), 1204.
6) 고린도전서 15:1-4.

그렇다면 우리 주님은 이 복음의 내용을 부활하신 이후 누가 복음 24장에서 처음으로 언급하셨는가? 물론 아니다. 이 복음의 내용, 곧 예수 그리스도가 인간의 죄를 위하여 십자가에서 죽으셨다가 다시 사셨다는 사실은 너무나 중요하기 때문에, 구약성경 전체가 그분을 가리킬 뿐 아니라 주님 자신도 반복적으로 말씀하신 바 있었다. 그런 이유 때문에 이 지상명령은 "또 이르시되, 내가 너희와 함께 있을 때에 너희에게 말한 바"라고 시작되면서, 이미 주님께서 십자가에서 죽으시기 전부터 그 죽음의 사실을 말씀하셨다는 것을 상기시키셨다.

그러면 그런 말씀은 언제 하셨는가? 한 번은 주님이 제자들과 더불어 갈릴리를 떠나 마지막으로 예루살렘으로 가시면서 이렇게 말씀하신 적이 있었다:

> 예수께서 열두 제자를 데리시고 이르시되, "보라, 우리가 예루살렘으로 올라가노니, 선지자들을 통하여 기록된 모든 것이 인자에게 응하리라. 인자가 이방인들에게 넘겨져 희롱을 당하고, 능욕을 당하고, 침 뱉음을 당하겠으며, 그들은 채찍질하고, 그를 죽일 것이나, 그는 삼 일 만에 살아나리라" 하시되, 제자들이 이것을 하나도 깨닫지 못하였으니, 그 말씀이 감취었으므로 그들이 그 이르신 바를 알지 못하였더라.
>
> 누가복음 18:31-34

물론 이 이외에도 예수님은 여러 번 그분의 죽음을 때로는 암시적으로 그리고 때로는 직설적으로 표현하셨으나, 위의 인용문에서처럼 분명하게 말씀하신 때는 없었다. 그러나 제자들은 이 말씀의 내용을 전혀 깨닫지 못하였다. 제자들이 이처럼 분명한 가르침을 깨닫지 못한 것은 두 가지 이유가 있다. 첫째 이유는 그들이 예수님을 따르는 동기가 인간적이었기 때문이다. 그들은 인간적인 출세를 위해 주님을 따랐다.

둘째 이유는 제자들이 예수 그리스도의 정체성을 깨닫지 못했기 때문이다. 그들은 그분이 이스라엘을 로마의 학정(虐政)으로부터 구원해 줄 정치적인 메시아로 여겼기 때문이다. 그들은 몇 시간 후에 주님에게 주저하지 않고 이런 질문을 던졌다. "주께서 이스라엘 나라를 회복하심이 이 때니이까?" (행 1:6) 오히려 예수님의 말씀은 그들을 거슬리게 하는 내용이었다.

제자들이 이 복음의 핵심을 깨닫지 못하기는 주님의 부활 이후에도 마찬가지였다. 특히 지상명령이 게재된 누가복음 24장에 의하면 제자들은 주님의 부활을 전해 듣고도 믿지 못했으며, 이를 인하여 천사들은 예수님의 죽음과 부활에 관한 말씀을 제자들에게 상기시키지 않으면 안 되었다.[7] 그 후 엠마오로 가는 두 제자들에게 주님은 구약성경의 말씀대로 죽었다가 다시 사신 영광스러운 사실을 다시 알려 주지 않으면 안 되었다.[8]

제자들이 이 놀라운 소식을 이해하든 못하든 상관없이 우리 주님은 성경대로 죽은 자 가운데서 사흘째 되던 날 부활하셨다. 다시 말해서, 그분에 관한 성경의 예언이 성취되었다는 말이다.

---

7) 누가복음 24:5-11을 보라.
8) 누가복음 24:25-27을 보라.

그리고 그 성취인 자신의 몸을 보이면서 주님은 제자들에게 "마음을 열어 성경을 깨닫게" 하셨다. 제자들은 이러한 성경적 성취와 증거를 전파해야 될 명령을 부여받은 것이다.9)

2. 복음의 전파

주님은 이 지상명령이 성경에 기초한 것임을 설명하신 후, 그 성경대로 복음이 전파되어야 한다는 사실을 말씀하신다 (24:46-47). 그런데 이 부분의 구문(構文)을 보면 세 가지의 동사가 드러난다. 그 동사들은 "고난받다," "살아나다"와 "전파하다"인데, 원문에 의하면 모두 부정사(不定詞)이다. 그것은 성경이 명령하고 있는 핵심 내용이 바로 이 세 동사라는 사실을 말해 준다.10) 그러므로 원문에 의하면 그 순서대로 다루는 것이 마땅하나, 명령을 강조하기 위하여 "전파하다"를 먼저 다루어도 무방할 것이다.

"전파하다"는 동사는 "포고자처럼 선포하다"는 의미를 갖는다.11) 그런데 흥미롭게도 이 동사는 "복음"(유앙겔리온: ευαγγελιον)과 거의 같은 의미로 쓰인다. 마가복음 16장 15절과 로마서 16장 25절을 참고하면 분명히 드러난다: "너희는 온 천하에 다니며 만민에게 *복음을 전파하라*"; "나의 *복음과* 예수 그리스도를 *전파함*은...." 실제로 이 두 단어는 파생어를 포함하여 신약성경에서 사

---

9) Lenski, *The Interpretation of St. Luke's Gospel*, 1204.
10) Ibid., 1205.
11) 이 동사의 헬라어는 *케류세나이*(κηρυχθηναι)이다.

용된 빈도도 기의 같다.12)

이것을 달리 표현하면, "전파하다"는 필연적으로 전파될 내용이 동반되어야 한다. 도드(C. H. Dodd)는 『사도적 전파와 발전』(The Apostolic Preaching and Its Development)에서 전파의 내용을 여섯 가지로 요약하였다: (1) 성취의 시대가 도래하였다. (2) 이것은 예수님의 죽음과 부활을 통하여 일어났다. (3) 부활에 의지하여, 새로운 이스라엘의 메시아적 머리로, 예수님은 하나님 우편으로 높이 들림을 받았다. (4) 교회 내의 성령은 그리스도의 현존하는 능력과 영광의 징조이다. (5) 메시아의 시대가 곧 그리스도의 재림과 더불어 절정에 이를 것이다. (6) *케리그마*는 언제나 회개의 호소, 죄의 용서, 성령과 구원의 약속으로 끝난다.13)

그렇다면 전파될 내용은 무엇인가? 그 내용을 누구보다도 먼저 그리고 가장 간결하면서도 핵심적으로 알려 주신 분은 역시 주님이시다. 그것도 누가복음의 지상명령에서 말이다. 그러면 그 내용을 차례로 살펴보자.

1) 예수 그리스도의 고난과 부활

이미 언급한 것처럼, 복음의 중심은 삼위 가운데 제이위(第二位)

---

12) 복음은 56회, 그리고 전파하다는 61회 나온다. David B. Barrett, *Evan- gelize! A Historical Survey of the Concept* (Birmingham, AL: New Hope, 1987), 16을 보라.

13) Michael Green, *Evangelism in the Early Church*, 4쇄 (Grand Rapids, MI: Wm. B. Eerdmans Publishing Co., 1977), 60에서 재인용.

이신 예수 그리스도이다. 그리고 그분을 복음과 연관시켜서 접근할 때, 특히 비하(卑下)와 고양(高揚)의 상태는 중요하다. 비하(humiliation)는 신격(神格)에서 인격(人格)으로, 그리고 구유에서 십자가라는 이중적인 자기 포기를 포함한다.[14] 와일리(Orton Wiley)는 이 이중적인 자기 포기를 다음과 같이 설명한다:

(1) 영원히 계시는 로고스가 창세 전부터 지녔던 영광을 버리고 종의 형체를 취하셨다. (2) 그분의 지상 생활 중 모든 일에서 아버지의 중재적(仲裁的) 뜻에 굴복하셨다; 아버지의 뜻을 알면서도 자진하여 그 뜻에 순종하셨다. (3) 이 기간 동안 그분의 사역은 성령의 직접적인 지배를 받았는데, 성령은 그분을 위하여 한 몸을 예비하셨고, 개발의 기간 중 그분을 지도하셨고, 그분의 사명을 위하여 기름 부어 주셨고, 마침내 아무 흠도 없이 자신을 하나님에게 바칠 수 있게 힘을 주셨다.[15]

결국 예수 그리스도의 이러한 비하—낮아짐—는 우리 인간의 죄를 위하여 대신 죽으신 구속과 하나님의 진노를 풀어 드린 화목제물이라는 이중적인 십자가의 사건에서 그 절정을 이룬다.[16] 주님은 이것을 "그리스도가 고난을 받고"라는 간결한 표현으로 함축하신다. 그러나 살아 계신 예수 그리스도를 직접 만난 바울

---

14) Orton Wiley, *Christian Theology*, 제2권 (Kansas City, MO: Beacon Hill Press, 1952), 187 이하 참조.
15) Ibid., 200-1.
16) "화목제물"의 깊은 의미를 보려면 다음을 참조하라: Gerald Cowen, *Sal- vation: Word Studies from the Greek New Testament* (Nashville, TN: Broadman Press, 1990), 52 이하.

은 좀더 확대해서 이 이중적인 사역을 묘사한다: "그리스도 예수 안에 있는 *구속*으로 말미암아 하나님의 은혜로 값없이 의롭다 하심을 얻은 자 되었느니라. 이 예수를 하나님이 그의 피로써 믿음으로 말미암는 *화목제물*로 세우셨으니...."[17]

예수님은 이처럼 비하되셨으나 거기에서 끝나지 않았다. 비하 뒤에는 고양이 따랐다. 예수님이 십자가 위에서 "다 이루었다"고 외치실 때 그 분의 비하는 절정에 달했다. 그러나 바로 그 순간이 지나면서부터 고양이 시작되었던 것이다. 왜냐하면 그분의 죽음은 바로 죽음에 대한 승리이며, 따라서 죽음은 더 이상 그분에게 아무런 영향도 미칠 수 없었기 때문이었다.[18] 그분은 승리자로서 옥에 내려가서 복음을 선포하셨다.[19]

고양의 두 번째 단계는 부활로, 주님의 지상 사역의 마지막이자 동시에 절정적인 사건이었다. 부활의 주님은 제자들의 회복과 동시에 새로운 사명을 주셨다. 그처럼 영광스러운 사역을 마치신 후 그분은 승천하셨고, 그리고 하나님 우편에 앉아서 중보하시는 대제사장의 역할을 감당하고 계신다.[20] 이 중보의 역할은 그분이 "왕 중의 왕"으로 다시 오실 때까지 계속될 것이다.

고양의 네 단계—강하(降下), 부활, 승천 및 회기—가 하나 같이 의미심장하나, 그 가운데서도 가장 중요한 것을 하나만 선택하라

---

17) 로마서 3:24-25.
18) Wiley, *Christian Theology*, 203.
19) 베드로전서 3:18-19. 아울러 4:6도 참조하라.
20) 하나님 우편에서 하시는 이 중보의 사역은 회기(the session)라고 불린다. Wiley, *Christian Theology*, 210을 보라.

면 역시 부활이다. 부활하신 주님도 "제 삼 일에 죽은 자 가운데서 살아날 것"이라고 말씀하시면서, 부활을 십자가 위에서의 죽음과 같은 선상에서 말씀하신 사실을 보더라도 그것은 분명하다.

그러면 부활이 십자가의 죽음만큼 중요한 이유는 무엇인가? 첫째 이유는 예수님이 돌아가시기 전에 자신에 대하여 예언적으로 주장하신 것들이 확인되었기 때문이다. 둘째 이유는 죄와 죽음을 초월한 몸이 되어 구속적 희생의 기초가 되었기 때문이다. 셋째 이유는 부활이 의롭다 하심의 기초가 되었기 때문이다. 넷째 이유는 영화롭게 된 그리스도의 인성은 새로운 영적 교제의 근거가 되었기 때문이다. 다섯째 이유는 그리스도의 부활이 믿는 자들의 부활에 대한 보장이 되었기 때문이다.[21]

2) 죄의 용서

두 번째로 전파해야 할 복음의 내용은 죄의 용서이다. 그리고 죄의 용서야말로 복음이다. 왜냐하면 모든 인간은 죄인일 뿐 아니라, 그 죄에 대하여 책임을 져야 하기 때문이다. 두말할 필요도 없이 그 책임은 죽음과 영원한 심판이다. 그런 까닭에 베드로가 복음을 처음 전할 때도 죄의 용서를 강조하였다.[22] 바울도 마찬가지로 처음부터 죄 용서의 복음을 전했던 것이다: "그러므로 형제들아, 너희가 알 것은 이 사람을 힘입어 죄 사함을 너희에게

---

21) Ibid., 205-8.
22) 사도행전 2:38.

전하는 이것이며"(행 13:38).

성경은 죄의 용서를 강조하기 위하여 "의롭다 하심"이라는 용어를 즐겨 사용하는데, 줄여서 의인(義認) 또는 칭의라고 한다. 이 가르침은 복음의 핵심이며 동시에 기독교의 진수(眞髓)이기도 하다. 사실상, 기독교 역사의 기둥이라고 할 수 있는 바울, 어거스틴(Augustine), 존 칼빈(John Calvin), 마틴 루터(Martin Luther), 존 웨슬리(John Wesley) 등은 모두 죄 문제의 해결, 곧 믿음으로 의롭다 하심을 받는 경험이 그들의 생애와 사역에서 가장 큰 전환점이 되었던 것이다.23) 이 이신득의(以信得義)의 가르침과 경험이 없었다면 어떻게 기독교가 유지될 수 있었겠으며, 또 어떻게 종교 개혁이 있을 수 있었겠는가?

재판관이신 하나님이 예수 그리스도를 통하여 우리를 의롭다고 선언하실 때, 우리를 하나님의 자녀로 삼으신다. 그뿐 아니라 동시에 성령이 우리의 삶 속으로 들어와서 우리를 거듭나게 하신다. 이처럼 중생의 경험을 할 때 내주하신 성령은 하나님의 자녀들에게 자녀다운 삶을 영위하게 하는 원동력을 제공하신다.24)

죄의 용서, 곧 의롭다 하심은 기독교의 가장 근본적인 가르침이요 또한 경험이기에, 예수 그리스도의 죽음과 부활과 함께 전

---

23) 이 기독교 거장들이 죄를 용서받고 변화된 간략한 간증을 보려면 다음을 참조하라: 홍성철 편저,『회심』, 2쇄 (서울: 도서출판 세복, 1995), 135- 278.

24) 의인과 양자 그리고 중생의 관련을 보려면 다음을 참고하라: 홍성철, "회심의 조감도,"『회심 거듭남의 의미와 적용』, 홍성철 편저 (서울: 도서출판 세복, 2003), 25 이하.

파해야 할 주제이다. 그런데 신약성경은 여러 가지의 근거로 인하여 죄인이 의롭다하심을 받았다고 가르친다. 첫째 근거는 하나님의 은혜이다. 하나님이 자격 없는 죄인들에게 베푸신 호의(好意) 때문에 그들 편에서는 아무 공로 없이 의롭다 하심을 받는다 (롬 3:24). 둘째 근거는 예수님이 십자가 위에서 죄인들의 죄 값으로 쏟으신 보혈이다. 사실, 그 대가 때문에 그들은 죄를 용서받기 위하여 아무 것도 할 필요가 없는 것이다 (롬 5:9).

셋째 근거는 그리스도의 부활이다. 그분이 다시 사심으로 죄인들의 죄 문제가 깨끗이 해결되었다는 것을 확증하셨던 것이다 (롬 4:25). 넷째 근거는 그들의 믿음이다. 예수 그리스도가 그들의 죄를 해결하기 위하여 죽으시고 부활하신 역사적 사실을 받아들일 때 그들은 죄에서 해방된다 (롬 5:1). 다섯째 근거는 성령의 내주이다. 성령이 그들 안에 들어와서 거하신다는 사실은 그들이 확실히 용서받아 하나님처럼 의롭다고 여기심을 받았다는 것을 웅변적으로 말해 준다 (고전 6:11). 마지막으로 그들의 변화된 삶이다. 참으로 그들이 거룩하신 하나님으로부터 모든 죄를 용서받아 성령이 내주하신다면, 삶의 변화는 너무나 당연한 열매가 아니겠는가? (약 2:24)

그러나 이 여섯 가지 근거를 면밀히 살피면, 결국 가장 중요한 근거는 예수 그리스도의 죽음과 부활이다. 그러므로 주님도 누가 복음의 지상명령에서 자신의 죽음과 부활을 전파해야 할 핵심적인 사건으로 제시하신다. 그런 이유 때문에 주님은 "그의 이름으로" 죄 사함을 얻게 하는 회개가 전파되어야 한다고 말씀하신다.

다시 말해서, 그분이 구속 사역을 위한 최대의 계시, 곧 죽음과 부활을 근거로 죄를 용서하신다는 것이다.25)

그렇다면 이런 질문이 제기될 수 있을 것이다: 예수 그리스도가 구속 사역을 다 이루셨으니 모든 인간은 자동적으로 죄의 용서를 경험한다는 말인가? 물론, 아니다. 죄를 용서받기 위하여 한 가지 조건이 있다. 그것은 회개이다. 죄의 용서가 약속이라면 죄의 회개는 조건이라고 할 수 있다. 다시 말해서, 하나님으로부터 죄를 용서받기 원한다면 먼저 그 죄를 회개해야 한다. 그런 중요한 이유 때문에 누가복음의 지상명령은 회개를 포함시키고 있으며, 따라서 복음전도는 반드시 회개의 요구를 내포해야 한다.26)

그러면 회개가 무엇인가? 문자 그대로, 회개는 마음과 태도의 변화이다. 두말할 필요도 없이 악한 행위로부터 돌이키는 것이며, 동시에 하나님에게로 돌아가는 것이다. 그러므로 회개는 필연적으로 이미 믿음을 함축하고 있는 것이다. 성경이 회개라는 단어만 사용하든, 아니면 믿음이라는 단어만 사용하든 그것은 그 의미에 있어서 이미 회개와 믿음을 포함해서 사용된 것이다. 왜냐하면 죄를 용서 받기 위하여 이 둘은 꼭 필요하기 때문이다. 결국 이 둘은 하나이며 동시에 두 국면을 지닌 동전과 같다고 할 수 있다.27)

---

25) Lenski, *St. Luke's Gospel*, 1206.

26) John R. W. Stott, "The Great Commission," *Onc Race, One Gospel, One Task*, 제1권, Carl F. H. Henry & W. Stanley Mooneyham 편집 (Minneapolis, MN: World Wide Publications, 1967), 53.

27) Anthony A. Hoekema, *Saved by Grace* (Grand Rapids, MI: Wm. B.

그렇다면 회개를 통한 죄의 용서라는 복음은 누구에게 전파해야 하는가? 두말할 필요도 없이 이 복음 전파의 대상은 이 세상에 사는 모든 사람들이다. 주님은 "모든 민족"에게 이 복음을 전파하라고 말씀하셨다.[28] 이 말씀은 십자가에서 죽으셨다가 다시 사신 그리스도 예수는 비록 유대인이나 유대인만을 위한 구세주가 아니라 유대라는 국경을 넘어 세계의 구세주라는 사실을 웅변적으로 말해 준다. 그런 까닭에 죄의 용서를 경험한 사람들은 필연적으로 세계 복음화를 담당해야 하는 선교적인 사명을 갖게 된다.

그러나 우리 주님은 모든 언어, 문화 및 종족의 사람들에게 복음을 전해야 하는 궁극적인 목적을 가지고 계셨으나, 우선 예루살렘에서부터 전파해야 할 것을 강조하셨다. 왜냐하면 예루살렘은 바로 복음, 곧 예수 그리스도가 인류를 위한 대속적 죽음과 부활을 몸소 체험한 곳이기 때문이다. 뿐만 아니라, 예루살렘은 교회가 처음으로 탄생된 곳이요, 동시에 선교의 시발지이기 때문이다. 세계 복음화는 결국 예루살렘을 기점으로 유대와 사마리아를 거쳐 온 세계로 퍼져 나가야 했다.[29]

Eerdmans Publishing Co., 1989), 123 이하와 Akbar Haqq, "The Evangelist's Call to Conversion," *The Work of an Evangelist* (Minneapolis, MN: World Wide Publications, 1984), 121 이하를 보라.

28) "모든 민족"이 이 지상의 모든 사람이라는 타당성 있는 해석을 위하여 다음을 참고하라: Edward R. Dayton & David A. Fraser, *Planning Strategies for World Evangelization* (Grand Rapids, MI: Wm. B. Eerdmans Publishing Co., 1980), 119.

29) 사도행전 2장, 8장, 10장 및 13장을 참조하라.

3. 증 인

주님은 성경에 기초한 복음의 내용을 간단명료하게 말씀하셨
고 또 그것이 전파될 것을 명령하셨다. 그러면 그분은 누구에게
명령을 주셨는가? 그 명령은 복음의 실제인 그리스도 예수의 죽
음과 부활을 목격하고 또 경험한 사람들에게 주어졌다. 만일 그
사실을 보고 경험하지 못한 사람들에게 말씀하셨다면 어떻게 그
들이 생명을 걸고 전파할 수 있겠는가? 그러나 만일 어떤 사람이
그 사실을 목격하고 경험했다면, 그는 문자 그대로 생명을 걸고
이 놀라운 복음을 전해야 할 의무와 특권을 갖게 된다.

부활하신 그리스도 예수는 제자들에게 "너희는 이 모든 일의
증인이라"고 말씀하셨다. 바꾸어 말하면, "너희가 보고 경험한 것
을 순교의 각오로 전파하라"는 명령이다. 제자들이 이 명령을 감
당해야 하는 분명한 이유는 그들이 예수 그리스도의 구속적 생애
와 사역을 목격하였기 때문이다. 그들이 그분의 부활을 목격하였
기 때문에 그들의 삶과 사역은 완전히 바뀌었다.

주님은 제자들이 증인이라고 말씀하실 때, 그들이 목격하고 경
험한 것을 막연하게 증거하라고 하지 않으셨다. 그분은 구체적으
로 "이 모든 일"의 증인이라고 하셨다. "이 모든 일"은 이미 부활하
신 주님이 단계적으로 설명하여 주신 바 있었다. 그것은 그 자신
이 구약성경에 예언된 메시아이며, 모든 성경의 성취이며, 고난의
죽음과 부활을 맛보았으며, 그분의 이름으로 의롭다 하심을 위해
모든 민족에게 선포해야 한다는 것이었다. 놀란드(John Nolland)

는 그의 주석에서 제자들이 증거해야 할 내용을 다음과 같이 요약
하였다:

> 첫째, 예수님이 자신에 관한 성경의 성취를 강조하는 수난 이전의
> 가르침; 둘째, 다시 사신 주님에 의한 성경에 대한 부활 후의 조
> 명; 셋째, 수난 사건들; 넷째, 예수님의 부활된 상태의 실제; 다섯
> 째, 예수님의 이름으로 용서의 메시지를 우주적으로 선포해야 할
> 필요; 여섯째, 이 선포가 예루살렘에서 시작해야 하는 필요.30)

여기에서 언급하지 않으면 안 될 사실이 있다. 그것은 누가 증
인이냐 하는 문제이다. 같은 저자인 누가가 기록한 사도행전 1장
8절에 의하면, 성령의 강림과 더불어 주님의 증인이 될 사람들은
사도들이었다. 그렇다면 누가는 누가복음 24장에서도 사도들만
을 가리켜 증인이라고 했는가? 그렇지 않다! 누가는 이 장에서
엠마오로 가던 두 제자를 포함시키면서, 사도뿐만 아니라 그 당
시 예수님을 따르는 제자들의 무리를 포함시켰다.31)

---

30) John Nolland, *Luke 18:35-24:53, Word Biblical Commentary*, 제35c
권, David A. Hubbard & Glenn W. Barker 편집 (Dallas, TX: Word
Books, Publisher, 1993), 1220. 누가는 그의 두 번째 저서인 사도행전
에서도 증인이 증거해야 할 내용을 기록하는데, 그것을 요약하면 다
음과 같다: 1) 죄의 심각성, 2) 인간이 죄의 행위에 책임을 진다, 3)
인간의 구원은 하나님에게서만 온다, 4) 죄의 용서를 위하여 예수의
십자가와 부활이 함께 필요하다, 5) 예수는 이사야 42장과 53장에서
묘사된 고난의 종과 일치한다, 6) 그리스도의 죽음이 대속물로 표현
되기도 한다, 7) 예수는 나무 위에서 죽었다. Green, *Evangelism in
the Early Church*, 73-74를 보라.
31) Nolland, *Luke 18:35-24:53*, 1220.

실제로, 누가에 의하면 에수님을 직접 따를 기회는 없었으나 후에 제자가 되어 그분의 죽음과 부활을 증거한 많은 사람들을 사도행전에 등장시킨다. 바나바와 디모데 등 많은 사람들이 있지만, 역시 대표적인 인물은 스데반과 바울이다. 이것은 예수 그리스도를 구세주로 믿고 죄를 용서받은 모든 사람들도 역시 같은 증인이라는 사실을 웅변적으로 말해 준다.

4. 성령의 능력

주님의 고난과 영광의 부활을 통하여 죄의 용서라는 복음이 유대인은 물론 이방인들에게 전해져야 하는 것이 바로 누가복음의 지상명령이다. 그러나 이 명령이 인간의 노력과 방법으로 이루어질 수 있느냐는 다른 영역의 질문이다. 왜냐하면 유대인들은 예수 그리스도를 메시아로 인정할 수 없었기 때문이다. 그렇다면 이방인들은 쉽게 그분을 그들의 구세주로 영접할 준비가 되어 있었는가? 물론 아니다. 오히려 유대인과 이방인은 마음과 힘을 합하여 예수 그리스도를 십자가 위에 처형시켰던 것이다.

"예루살렘"에서 회개의 메시지가 전해져야 한다는 말씀은 유대인들에게 증거하라는 뜻이다. 그리고 "모든 민족"에게로 확대하라는 말씀은 이방인들에게 증거하라는 의미이다. 그런 까닭에 이 이중적인 대상이 후에 좀더 구체적으로 정의되기도 하였다: "이 복음은 모든 믿는 자에게 구원을 주시는 하나님의 능력이 됨이라; 먼저는 유대인에게요 그리고 헬라인에게로다" (롬 1:16).

주님의 제자들은 이 지상명령을 효과적으로 수행하기 위하여 부활하신 주님의 능력이 절대적으로 필요했다. 그리고 누구보다도 그 사실을 잘 아시는 분은 바로 주님이셨다. 그런 까닭에 주님은 이 엄청난 명령을 주시고, 이어서 거기에 걸맞는 엄청난 약속을 주셨다. 그것은 "내가 내 아버지께서 약속하신 것을 너희에게 보내리니"라고 한 말씀이었다. 그리고 그 약속은 다름 아닌 성령의 능력이었다.

성령의 능력은 이 작은 무리로 하여금 그들을 증오하며 둘러싸고 있는 유대인들에게 예수 그리스도의 죽음과 부활을 담대히 그리고 힘 있게 전파할 수 있게 하였다. 뿐만 아니라, 이 작은 무리로 하여금 그들을 압도하는 로마 제국을 향하여 죄 용서를 위한 회개를 전파할 수 있게 하였다. 이것은 성령의 역사가 아니면 절대로 가능한 일이 아니었다.

하나님 앞에서 인간—유대인이든 이방인이든—은 모두 죄인이다. 그러나 그 죄를 깨우치고 책망하는 것은 인간의 논리나 웅변이 아니라 성령의 역할이다. 주님도 "....내가 그(성령)를 너희에게 보내리니, 그가 와서 죄에 대하여, 의에 대하여, 심판에 대하여 세상을 책망하시리라"고 하면서, 궁극적으로 회개를 유발(誘發)시키는 것은 인간이 아니라 성령이라고 확인하셨다 (요 16:7-8). 그러므로 "죄 사함을 얻게 하는 회개"가 전해져야 한다는 것은 성령이 동행하여 그 복음을 듣는 사람들 안에서 변화를 일으키게 하겠다는 약속도 포함되었다고 할 수 있다.[32]

---

32) J. Edwin Orr, *My All, His All* (Wheaton, IL: International Awakening

성령의 역사는 죄를 책망힐 뿐 아니라, 죄인들의 눈을 열어 구세주이신 예수 그리스도를 볼 수 있게 한다. 그리고 그 앞에 나아와서 죄를 회개하고 믿음으로 그분을 영접하게 하신다. 그리할 때 성령은 영적으로 죽은 영혼을 영적으로 살리어 거듭나게 하신다. 그런 목적을 위하여 주님은 제자들에게 모든 민족에게 죄의 용서라는 복음을 증거하라는 위임만을 주셨을 뿐 아니라, 그와 함께 위에서 부어 주실 성령의 능력도 약속하신 것이다. 주님은 제자들을 세상으로 내어 보내기에 앞서서 그들이 성령으로 충만하게 되기를 원하셨던 것이다.

그러면 어떻게 하면 제자들은 이 성령의 능력을 받을 수 있는가? 주님은 하나님이 약속하신 그 능력을 받을 때까지 예루살렘에서 기다리라고 명령하셨다. 누가의 사도행전에 의하면, 제자들은 열흘 동안 한 곳에 모여, 한 마음으로 열심히 기도하면서 기다렸다(행 1:14). 그리고 그 열흘의 기간이 마치던 오순절날 기도하며 기다리던 제자들 위에 성령이 바람 같이 그리고 불 같이 강림하셨다(행 2:1-4). 그리고 그들은 그 성령의 능력으로 유대인은 물론 이방인에게도 죄의 용서라는 복된 소식을 전파하기 시작하였다.

나가면서

예수 그리스도가 이 세상에 오신 목적은 인류의 구원이었다.[33]

Press, 1989), 4-5.

그 구원을 위하여 그분은 죄 없는 짧은 생애를 영위하셨다. 그리고 마침내 그 목적을 이루기 위하여 십자가 위에서 대속적 죽음을 감수하셨다. 그러나 죄인의 구원 문제가 해결되었다는 엄청난 사실을 선포하기 위하여 그분은 죽은 자 가운데서 사흘 만에 다시 살아나셨다.

그러나 주님의 죽음과 부활로 인류의 구원은 자동적으로 이루어지지 않았다. 그것은 제자들의 몫이었다! 그들이 그리스도 예수의 구속적 사역을 증거하지 않았다면 그분의 모든 사역은 아무런 결과를 일구어내지 못했을 것이다. 그런 까닭에 그분은 이 세상에 체류하시는 마지막 순간에 가장 중요한 명령을 제자들에게 남겨 주셨다. 그것이 바로 지상명령이다.

다섯 번이나 반복적으로 강조된 이 명령은 각기 다른 것들을 부각(浮刻)시킴으로 상호 간에 보충과 조화를 이루었다. 누가복음의 지상명령은 그 중에서 제자들이 전해야 할 복음의 내용을 단계적으로 묘사하였다. 아무리 복음을 전하고자 하는 열정과 헌신이 투철하더라도 무엇을 전해야 할지 모른다면 그것은 갈 곳을 모르는 여행자와 같을 것이다.

그런데 이 복음의 내용이 아무런 바탕도 없이 주어진 것이 아니었다. 오히려 흔들릴 수 없는 구약성경 전체에 바탕을 둔 너무나 확고한 것이었다. 구약성경 전체는 바로 이 예수 그리스도가 인류의 구세주라는 사실을 예언하고 있으며, 그 예언의 성취가 바로 죽었다 다시 사신 그리스도 예수였다. 예수님도 이 사실을

---

33) 누가복음 10:10.

이렇게 말씀하신 적이 있다. "너희가 성경에서 영생을 얻는 줄 생각하고 성경을 연구하거니와 이 성경이 곧 내게 대하여 증언하는 것이니라" (요 5:39).

예수 그리스도의 이런 사역을 우주적으로 전해야 할 사람들은 그분이 주시는 죄의 용서를 경험해야 한다. 그 경험을 바탕으로 그들은 생명을 걸고 모든 세상 사람들에게 예수 그리스도를 증거해야 할 증인이 된다. 그들이 이처럼 증거할 때 그들에게 임하신 성령은 그들에게 능력을 주실 뿐 아니라, 그들의 증거를 듣고 보는 사람들 안에서 회개와 죄의 용서를 이루시는 것이다.

누가는 이처럼 구체적인 복음의 내용과 능력의 실제를 그의 지상명령에서 전해 준다. 이는 다른 지상명령이 전해 주지 못하는 중요한 것들이기에 누가복음의 지상명령을 살펴보는 것은 특히 가치가 있다. 동시에 이렇게 세부적인 복음의 내용을 우리 모든 그리스도인은 모든 사람들에게 전할 증인의 역할을 수행해야 할 것이다. 그리할 때 그리스도인은 약속대로 성령의 능력을 경험하는 은총을 맛볼 것이다.

참고 도서

Barrett, David B. *Evangelize! A Historical Survey of the Concept.* Birmingham, AL: New Hope, 1987.

Cowen, Gerald. *Salvation: Word Studies from the Greek New Testament.* Nashville, TN: Broadman Press, 1990.

Dayton, Edward R. & David A. Fraser. *Planning Strategies for World Evangelization.* Grand Rapids, MI: Wm. B. Eerdmans Publishing Co., 1980.

Green, Michael. *Evangelism in the Early Church*, 4쇄. Grand Rapids, MI: Wm. B. Eerdmans Publishing Co., 1977.

Haqq, Akbar. "The Evangelist's Call to Conversion." *The Work of an Evangelist.* Minneapolis, MN: World Wide Publications, 1984.

Hoekema, Anthony A. *Saved by Grace.* Grand Rapids, MI: Wm. B. Eerdmans Publishing Co., 1989.

Lenski, R. C. H. *The Interpretation of St. Luke's Gospel.* Minneapolis, MN: Augsburg Publishing House, 1946.

Nolland, John. *Luke 18:35-24:53. Word Biblical Commentary*, 제35c권. David A. Hubbard & Glenn W. Barker 편집. Dallas, TX: Word Books, Publisher, 1993.

Orr, J. Edwin. *My All, His All.* Wheaton, IL: International Awakening Press, 1989.

Plummer, Alfred. *A Critical & Exegetical Commentary on the Gospel according to St. Luke*, 5쇄. Edinburgh: T. & T. Clark Ltd., 1977.

Seamands, John T. *Harvest of Humanity: The Church's Mission in Changing Times*. Wheaton, IL: Victor Books, 1988.

Stott, John R. W. "The Great Commission." *One Race, One Gospel, One Task*, 제1권. Carl F. H. Henry & W. Stanley Mooneyham 편집. Minneapolis, MN: World Wide Publications, 1967.

Wiley, Orton. *Christian Theology*, 제2권. Kansas City, MO: Beacon Hill Press, 1952.

홍성철. "회심의 조감도."『회심 거듭남의 의미와 적용』. 홍성철 편저. 서울: 도서출판 세복, 2003.

_____ 편저.『회심』, 2쇄. 서울: 도서출판 세복, 1995.

5

"내 증인이 되리라"

"내 증인이 되리라"

5

"내 증인이 되리라"

(사도행전 1:6-8)

들어가면서

예수 그리스도는 죽음의 장벽을 뚫고 부활하자 곧바로 하늘나라로 가지 않으셨다. 그분은 40일 동안이나 이 세상에 더 머무신 후에야 승천하셨다. 그렇다면 왜 40일씩이나 이 세상에 더 머무셨는가? 그 이유는 크게 두 가지 목적 때문인 것 같다. 첫 번째 목적은 그분이 공생애 기간 중 선언하신 모든 주장들을 재확인하시기 위해서였다. 둘째 목적은 그분의 사역을 제자들에게 전수하시기 위해서였다.

그렇다면 주님의 주장은 무엇이었는가? 그것은 그분의 실존과 업적에 관한 것이었다. 그분의 실존은 그분이 누구냐는 질문에 대한 대답이고, 그분의 업적은 그분이 무엇을 이루셨는가에 대한 대답이다. 그분의 실존과 업적에 대한 여러 주장 가운데서 가장 중요한 두 주장은 다음과 같다: 하나는 주님이 하나님의 아들이라는 주장이고, 또 하나는 대속적 죽음이라는 주장이다. 하나님의 아들이라는 주장은 한 마디로 그가 하나님과 동등하시다는 것이며 (요 5:17-18), 대속적 죽음은 그가 구세주시라는 것이다 (막 10:45).

주님의 부활은 그런 주장들을 확인한 사건이었으며, 그 결과 기독교에서 필수적인 몇 가지 교리가 확정되었다. 첫째는 하나님의 존재가 확정되었고, 둘째는 그리스도의 신성이 확정되었다. 셋째는 믿는 자들의 죄책과 부패의 문제가 해결될 수 있는 근거가 마련되었다. 그런 근거 때문에 믿는 자들은 거룩한 삶을 영위할 수 있게 되었다. 넷째로 믿는 자들의 영생이 실증되었고, 동시에 믿지 않는 자들에 대한 심판의 증거가 되었다.[1]

주님이 부활하여 40일씩이나 이 세상에 머무신 두 번째 목적은 사역의 전수를 위함이었다. 그 목적을 위하여 주님은 반복적으로 제자들을 만나셨고, 또 반복적으로 지상명령을 주셨다. 그런데 성경에 기록된 다섯 번의 지상명령을 자세히 살펴보면 그 내용이 점진적으로 확대된 것을 알 수 있다. 첫 번째의 명령은 *회복과 파송*이 강조되었다 (요 20:19-23).

일주일이 지나서 두 번째 주신 명령에는 복음 전파와 *만민*이 추가되었다 (막 16:15). 그 후 적어도 두 주가 지나서 주신 세

---

1) James Montgomery Boice, *Foundations of the Christian Faith: A Com- prehensive & Readable Theology* (Downers Grove, IL: InterVarsity Press, 1986), 341 이하.

번째 명령에는 *제자 삼기*와 *모든 민족*이 덧붙여졌다 (마 28:16-20). 승천하신 바로 그 날 주신 네 번째 명령에는 *복음의 내용과 용서를 위한 회개*가 더해졌다 (눅 24:46-48). 마지막으로 승천하시기 직전에 주신 명령에는 *성령의 권능*과 *지리적 전개*가 첨가되었다 (행 1:8).[2]

본문을 열면서

부활하신 주님이 이제 이 세상을 떠나 하늘나라로 돌아가시기 직전에 감람산에서 주신 마지막 지상명령은 너무나 유명하며 또 널리 인용된다. 그러나 잘 알려진 만큼 그 명령의 배경이나 의미는 파악되지 않는 것 같다. 그런 이유 때문에 그 명령을 좀더 심도 깊게 살펴보는 것도 가치가 있을 것이다. 성령의 능력을 덧입어서 주님의 증인이 되라는 말씀을 구체적으로 살펴보기 위하여 본문을 직접 인용해 보자:

> 그들이 모였을 때에 예수께 물어 이르되, "주께서 이스라엘 나라를 회복하심이 이 때니이까?" 하니, 이르시되, "때와 시기는 아버지께서 자기의 권한에 두셨으니, 너희가 알 바 아니요, 오직 성령이 너희에게 임하시면, 너희가 권능을 받고, 예루살렘과 온 유

---

2) 이 다섯 가지 지상명령에 다음과 같은 제목을 차례로 붙인 학자도 있다: 위임, 수용자, 전략, 내용, 지리. Elmer L. Towns 편집, *Evangelism & Church Growth: A Practical Encyclopedia* (Ventura, CA: Regal Books, 1995), 251-54.

대와 사마리아와 땅 끝까지 이르러 내 증인이 **되리라**" 하시니라.

사도행전 1:6-8

위의 본문은 제자들의 질문으로 시작되었다. 그리고 주님은 그 질문에 대한 답변 형식으로 지상명령을 주셨다. 그런데 그 명령 가운데 지금까지 언급하지 않았던 새로운 사실, 곧 성령의 능력이 첨가되었다. 물론 누가복음에 기록된 지상명령에도 능력이란 표현이 포함되어 있지만, 본문에서처럼 그것이 성령의 능력이라고 밝히지는 않았다. 이 마지막 명령에서 주님은 그것이 성령의 능력이라고 밝히면서 지상명령을 마무리하셨다. 이 명령을 다음과 같은 소제목을 붙여서 차례로 살펴보면, 그 의미와 의도가 보다 확실히 드러날 것이다: 1) 하나님의 나라, 2) 하나님의 때, 3) 하나님 나라의 도래, 4) 하나님 나라의 영역.

1. 하나님의 나라

예수 그리스도는 부활하신 후 여러 번 제자들과 형제들에게 자신을 보여 주셨는데, 한 번은 엠마오로 가던 두 제자들에게 나타나셨다. 그런데 그 두 사람은 "매우 슬픈 빛을 띠고" 있었다 (눅 24:17). 그들은 왜 슬픈 표정을 하고 있었는가? 그 이유는 물론 예수 그리스도 때문이었다. 그들에 의하면, 예수님은 "하나님과 모든 백성 앞에서 말과 일에 능하신 선지자"였다 (눅 24:19). 다른 말로 표현하면, 예수님은 놀라운 가르침을 베푸셨을 뿐 아니라, 그 가르침에 걸맞는 기적도 행한 분이셨다.

예수 그리스도는 오천 명에게 떡을 먹이신 후, 자신이 생명의 떡이라고 가르치셨다 (요 6:35). 예수님은 자신이 세상의 빛이라고 선언하신 후, 장님의 눈을 뜨게 하셨다 (요 9:5). 그뿐 아니었다! 그분은 자신이 생명이요 부활이라는 전대미문(前代未聞)의 선포를 하셨다. 그리고는 그 말씀에 걸맞게 죽은 지 나흘이나 된 나사로를 살리셨다 (요 11:25-26). 이와 같은 가르침과 기적은 사람들로 하여금 그분을 선지자로 여기게 하는 계기가 되었다 (요 9:17).

엠마오로 가던 제자들이 예수 그리스도를 선지자로 지칭(指稱)한 것은 자못 의미심장한 것이었다. 왜냐하면 그런 지칭은 이스라엘 나라의 운명과도 연결되기 때문이다. 이스라엘 나라는 바벨론에 의하여 나라를 잃은 지 벌써 600년이나 지났다. 그래서 나라를 다시 회복하고자 하는 이스라엘 사람들의 열망은 이루 말할 수 없었다. 그러나 그것은 인간적으로는 불가능한 일이었다. 이제는 세계를 지배하는 로마 제국이 이스라엘 나라를 지배하고 있었기 때문이었다.

그러나 그 이스라엘 사람들에게 한 가닥 실낱 같은 소망이 있었는데, 그것은 하나님의 예언 때문이었다. 이스라엘이 애굽의 종이었을 때 하나님은 선지자 모세를 통하여 그 나라를 구원하셨다. 그리고 그 모세는 하나님이 이스라엘을 위하여 어느 날 자기와 같은 *선지자*를 일으켜 세우시겠다고 예언하였다 (신 18:15). 그 선지자는 모세처럼 이스라엘을 다시 한 번 그들을 속박하고 있는 나라로부터 해방시켜 주리라고 여겨졌다. 그런데 마침내 *그 선지자*가 나타난 것이다! 바로 "말과 일에 능하신" 선지자, 곧 예수 그리스도였다!

그런데 제자들이 그처럼 기대했던 예수 그리스도가 십자가에서 그렇게 끔찍하게 죽으셨던 것이다. 엠마오로 가던 두 제자가 그처럼 슬퍼하던 이유가 바로 여기에 있었다. 어떻게 그분은 그처럼 죽으실 수 있었는가? 그분은 "일에 능하신 선지자"가 아니셨던가? 그분은 죽은 자와 같은 문둥병자도 고치셨고 (마 8:1-4), 실제로 죽은 자들을 세 번씩이나 살리지 않으셨던가? (눅 7:12-15, 8:49-55; 요 11:42-44). 그런데 그분이 그처럼 처참하게 처형을 당하시다니 믿을 수 없는 노릇이었다.

그런데 산산조각이 난 그들의 기대가 다시 소생되게 하는 소식이 들려왔다! 그것은 십자가에서 죽으신 예수 그리스도가 부활하셨다는 소식이었다. 엠마오로 가던 두 제자의 말을 직접 들어보자. "우리는 이 사람이 이스라엘을 구속할 자라고 바랐노라. 이뿐 아니라 이 일이 일어난 지가 사흘째요, 또한 우리 중에 어떤 여자들이 우리로 놀라게 하였으니, 이는 그들이 새벽에 무덤에 갔다가 그의 시체는 보지 못하고 와서, 그가 살아나셨다 하는 천사들의 나타남을 보았다 함이라. 또 우리와 함께 한 자 중에 두어 사람이 무덤에 가 과연 여자들이 말한 바와 같음을 보았으나, 예수는 보지 못하였느니라 하거늘" (눅 24:21-25).

이처럼 전전긍긍(戰戰兢兢)하던 두 제자는 마침내 주님을 직접 뵙고는 인간적으로는 의심할 수밖에 없는 그분의 부활을 받아들

였다. 그뿐 아니라, 그들은 그 사실을 전하기 시작하였다 (눅 24:
35). 마침내 제자들도 주님의 부활을 확인하게 되었고, 따라서
주님이 이스라엘을 로마 제국으로부터 구원하실 분이라는 확신
을 갖게 되었다. 그 이유는 너무나 분명했다! 그분은 인간이 결코
해결할 수 없는 죽음의 문제를 해결하신 분이기 때문이었다.

지금까지 어떤 선지자가 죽음이라는 인류의 적을 정복했는
가? 앞으로도 어떤 선지자가 죽음의 두려움을 극복할 수 있겠는
가? 과거에도 그런 선지자는 없었고, 그리고 미래에도 있을 수
없다! 죽음의 장벽을 뚫고 다시 사신 예수 그리스도는 분명히 모
세가 예언한 바대로 그 선지자임에 틀림없다. 그렇다면 그분은
분명히 이스라엘을 해방시키실 수 있는 분이다! 아니, 그분은 반
드시 해방시키실 것이다.

그런 확신 때문에 제자들은 이런 질문을 던졌다: "주께서 이스
라엘 나라를 회복하심이 이 때니이까?" 이스라엘을 어떻게 회복
시키라는 말인가? 첫째는 이스라엘과의 옛 언약을 회복시키라는
말이다. 둘째는 다윗의 세속적인 왕권을 회복시키라는 말이다.
셋째는 이스라엘을 다시 세계를 향해 영향을 미치는 영광의 나라
로 회복시키라는 말이다. 그것도 내일이나 어느 장래가 아니라
지금 당장 회복시키라는 말이다.[3]

주님은 부활하신 후 줄곧 하나님의 나라에 대하여 말씀하셨다
(행 1:3). 주님의 가르침에 의하면, 하나님의 나라는 복음을 듣고

---

3) Tom Stebbins, *Evangelism by the Book* (Camp Hill, PA: Christian
Publications, 1991), 64.

예수님을 구주와 주님으로 영접한 사람들의 마음에서 하나님이
행하시는 통치이다. 그런 이유 때문에 하나님의 나라는 영적이
고, 신적이며, 내적인 것이지, 결코 정치적이나, 인간적이나, 외
적인 것이 아니다. 그런 인간적이고 외적이며 가시적인 나라는
주님이 왕으로 재림하시어 이 세상에 그의 나라를 세우실 때 이
루어질 것이다.[4]

이와 같이 제자들의 기대와 주님의 가르침 사이에는 너무나
큰 괴리가 있었다. 이런 괴리를 명쾌하게 대조한 톰 스테빈스 교
수가 있는데, 그의 묘사를 인용해보자:

제자들은 옛날의 체제를 회상하고 있었다; 예수님은 새로운 사
회를 세우고 계셨다. 그들은 혁명을 생각하고 있었다; 그분은
중생을 생각하고 계셨다. 그들은 전쟁을 각오하고 있었다; 그분
은 그들을 증인으로 무장시키고 계셨다. 그들은 정치적 수단으
로 확장시킬 나라를 상상하고 있었다; 그분은 기쁜 소식을 선포
함으로 확장될 나라를 상상하고 계셨다. 그들은 통치를 꿈꾸고
있었다; 예수님은 섬김을 위하여 모델이 되시며 훈련시키셨다.
그들은 실행이사가 되기를 원했다; 예수님은 자원하는 전도자
들을 바라셨다.[5]

주님은 이처럼 민족적이면서도 선민 위주라는 편협된 제자들
의 세계관을 바꾸고 계셨다. 그들의 세계관이 바뀌지 않는다면
주님이 이 세상의 복음화를 위해 오신 모든 목적도 물거품이 될

4) Ibid., 58-59.
5) Ibid., 65.

것이다. 제자들은 이스라엘이라는 수평선 너머를 바라보면서 세계 각처에 흩어져 있는 각양각색의 민족들을 보지 않으면 안 되었다. 그런 이유 때문에 주님은 그들에게 "예루살렘과 온 유대와 사마리아와 땅 끝까지" 가라고 말씀하셨다. 하나님이 온 세계를 통치하시는 그런 하나님의 나라를 세우시겠다는 말씀이었다.

2. 하나님의 때

하나님의 나라와 하나님의 때는 긴밀하게 연결되어 있다. 그런 까닭에 제자들은 주님에게 "이 때니이까?"라는 질문을 던지면서 *때*를 강조하였다. 그 질문에 대한 대답으로 주님도 *때*에 대하여 말씀하셨다. "때와 시기는 아버지께서 자기의 권한에 두셨으니, 너희가 알 바 아니요" (행 1:7). 이 대답에 의하면, 하나님의 *때*는 중요하나, 그것은 하나님의 고유 권한에 속한 것이기에 인간이 왈가왈부할 문제가 아니었다.

제자들이 *때*에 대한 질문을 던진 이유는 주님이 성령세례에 대하여 말씀하셨기 때문이다 (행 1:5). 그러면 왜 제자들은 성령에 대한 말씀을 듣고 그런 질문을 했는가? 그 이유는 간단하다! 하나님의 나라는 성령의 강림과 더불어 시작되기 때문이다. 하나님의 나라, 곧 하나님의 통치가 시작되었다는 가장 확실한 증거는 무엇인가? 그것은 성령의 우주적 임재이며, 성령이 그렇게 임재하시면 그것이 곧 하나님의 나라가 시작되었다는 증거였다 (사 32:15 이하, 35:6 이하, 43:19 이하; 겔 36:26-27, 37:11 이하).[6]

주님이 "너희는 몇 날이 못 되어 성령으로 세례를 받으리라"는
말씀, 특히 *몇 날이 못 되어*라는 말씀에 제자들의 귀가 번쩍 뜨
였을 것이다. 마침내 구약성경의 선지자들이 반복적으로 예언한
하나님의 나라가 임할 때가 가까웠으며, 그것은 바로 이스라엘
의 회복이라고 제자들은 받아들였다. 그러나 하나님의 나라와
이스라엘의 회복을 혼동한 원인은 제자들의 편견과 선입견 때문
이었다.7)

제자들의 잘못된 생각을 성경의 한 실례를 들어서 설명해 보
자. 이사야 선지자는 일찍이 성령의 임재와 하나님의 나라를 연
결지어서 예언한 적이 있었다. 그런데 제자들은 그들의 편견과
선입견 때문에 그 말씀의 진의(眞意)를 잘못 이해했다. 그들은 하
나님의 나라를 이스라엘의 회복으로 간주하는 오류를 갖게 했다.
그러면 이사야의 예언을 인용하면서 제자들의 오해를 살펴보자.

주 여호와의 영이 내게 내리셨으니, 이는 여호와께서 내게 기
름을 부으사, 가난한 자에게 아름다운 소식을 전하게 하려 하
심이라. 나를 보내사 마음이 상한 자를 고치며, 포로된 자에
게 자유를, 갇힌 자에게 놓임을 선포하며, 여호와의 은혜의
해와 우리 하나님의 보복의 날을 선포하여 모든 슬픈 자를 위
로하되, 무릇 시온에서 슬퍼하는 자에게 화관을 주어 그 재를

6) John R. W. Stott, *The Spirit, The Church, and the World: The Message of Acts* (Downers Grove, IL: InterVarsity Press, 1990), 40.
7) 이런 질문은 적극적으로 이스라엘의 회복이지만, 소극적으로는 이스라
엘을 통치하는 이방인들의 심판을 포함했다 (욜 3:1-3). 이를 위해 다음
을 보라: David Gooding, *True to the Faith: A Fresh Approach to the Acts of the Apostles,* 2쇄 (London: Hodder & Stoughton, 1991), 34.

대신하며, 기쁨의 기름으로 그 슬픔을 대신하며, 찬송의 옷으
로 그 근심을 대신하시고, 그들이 의의 나무 곧 여호와께서 심
으신 그 영광을 나타낼 자라 일컬음을 받게 하려 하심이라.

이사야 61:1-3

위의 예언은 궁극적으로 이스라엘 나라가 회복되어 하나님의
영광을 드러낼 것이라는 내용이 들어 있다. 따라서 이스라엘 백
성은 이 예언이 문자적으로 성취되어 이스라엘이 회복될 것을 학
수고대(鶴首苦待)하고 있었다. 예수 그리스도의 제자들도 예외는
아니었다. 그들도 성령이 임하면 새로운 하나님의 나라가 시작된
다는 사실을 잘 알고 있었다. 그렇지 않다면, 주님이 성령세례를
말씀하시자 바로 이스라엘의 회복에 대하여 질문했을 이유가 없
었다.

그들과 이스라엘 백성의 오해는 바로 여기에 있었다. 위의 예
언은 이중적이었고, 따라서 그 성취도 이중적이라는 사실을 그
들은 알지 못했다. 첫 번째의 예언은 성령의 강림과 더불어 시작
될 영적 하나님의 나라에 관한 것이고, 두 번째의 예언은 주님이
직접 세우실 영광의 나라, 곧 가시적인 하나님의 나라였다. 첫
번째의 영적인 하나님의 나라는 "은혜의 해"까지의 예언에서 묘
사되며, 두 번째의 하나님의 나라는 "우리 하나님의 보복의 날"
부터이다.[8]

8) 하나님의 나라는 "이미--그러나 아직은 아님"(already--not yet)으로
표현할 수 있다. 예수님이 복음을 전하심으로 시작된 나라는 *이미* 이
루어졌으나, 영광의 나라는 *아직 이루어지지 않았다.* 이를 위해 다음

이런 구분을 하신 분은 다름 아닌 예수 그리스도였다. 그분은 시험을 당하신 후 성령에 충만하시어 회당에서 이사야서를 근거로 하나님의 나라를 선포하셨다. "주의 성령이 내게 임하셨으니, 이는 가난한 자에게 복음을 전하게 하시려고 내게 기름을 부으시고, 나를 보내사 포로된 자에게 자유를, 눈 먼 자에게 다시 보게 함을 전파하며, 눌린 자를 자유롭게 하고, 주의 은혜의 해를 전파하게 하려 하심이라" (눅 4:18-19).

이스라엘 백성과 제자들이 기대한 이스라엘의 회복은 주님이 만왕의 왕이요, 만주의 주로 재림하실 때 이루어진다. 예수 그리스도가 이 세상에 처음 오셨을 때는 영광의 주가 아니라, 고난의 종이었다. 그 이유는 너무나 분명했다! 이 세상에서 온갖 문제들을 안고 살아가는 사람들을 해방시키기 위해서 오셨기 때문이다. 그리고 그 해방의 방법이 바로 십자가의 죽음이었다. 그런 대속적 죽음을 통해 모든 사람들, 특히 가난한 자들, 포로된 자들, 눈 먼 자들의 당면한 문제로부터 구원하기 위해서였다.

그러나 제자들은 이스라엘의 회복과 영광에 집착한 나머지 이중적인 하나님의 나라를 분별하지 못했던 것이다. 그들은 초림주(初臨主)와 재림주(再臨主) 사이에 있을 영적인 하나님의 나라에 대해서는 관심도 없었고, 또 알려고 하지도 않았다. 그리고 초림주가 만인의 구원을 위하여 십자가의 죽음과 그 후의 부활이라는

을 보라: Darrell L. Bock, *Luke 1:1-9:50*, 제1권, *Baker Exegetical Commentary on the New Testament*, Moises Silver 편집 (Grand Rapids, MI: Baker Books, 1994), 411.

관문을 통과해야만 된다는 사실을 받아들이지 못했다. 그들은 고난 없는 영광만을 추구했던 것이다.

바로 그런 이유 때문에 예수 그리스도가 예루살렘에서 자신이 감당할 죽음과 부활을 언급하시자, 방금 엄청난 신앙 고백을 한 베드로조차도 예수님을 붙들고 말리려고 했다 (마 16:22). 그러던 베드로는 생명을 걸고라도 그 하나님의 나라를 위하겠다고 했으나, 얼마 지나지 않아서 대제사장의 집에서 일하는 하녀들의 고소조차 이길 수 없는 나약한 인간이었다. 그도 하나님의 나라의 건설에 동참하려면 성령의 능력을 힘입지 않고는 불가능한 것이었다. 그리고 마침내 베드로가 성령으로 충만한 경험을 한 후 그는 하나님의 나라 건설에 적극적으로 뛰어들 수 있었다.

하나님의 나라는 예수님과 더불어 시작되었다. 그리고 그렇게 시작된 하나님의 나라는 성령의 능력을 부여받은 제자들을 통하여 확장되기 시작했다. 과연 하나님의 나라는 영적이며, 내적이다. 하나님은 예수 그리스도를 구주로 영접해서 거듭난 사람들 가운데서 통치하신다.[9] 바로 그것이 초림주가 이루시는 하나님의 나라이다. 제자들은 가시적인 하나님의 나라가 임할 *때*와 *시간*에 대해서는 관심을 갖지 말고, 주님이 다시 오실 때까지 열심히 복음을 전파하면서 하나님의 나라를 확장하는 데 진력(盡力)해야 한다. 그러나 복음의 전파는 인간의 능력이 아니라, 오직

---

9) 혹자는 메시아의 시대를 그 백성에게 베푼 크나큰 축복의 시간이라고 한다. 이를 위해 다음을 보라: Alfred Plummer, *A Critical & Exegetical Commentary on the Gospel according to St. Luke*, 5쇄 (Edinburgh: T. & T. Clark Ltd., 1977), 122.

성령의 능력으로 해야 한다.

3. 하나님 나라의 도래(到來)

위에서 이미 언급했지만, 하나님의 나라는 성령의 우주적 강
림과 더불어 시작되었다. 그리고 성령의 우주적 강림은 두말할
필요도 없이 선민인 이스라엘뿐 아니라 이방인들도 포함된 역사
였다. 그런데 이런 성령의 우주적 강림은 이스라엘의 조상 아브
라함이 부르심을 받았을 때부터 이미 약속된 것이었다. 하나님은
아브라함에게 이렇게 약속하셨다. "내가 너로 큰 민족을 이루고,
네게 복을 주어....땅의 모든 족속이 너로 말미암아 복을 얻을 것
이라" (창 12:2-3).

창세기는 모든 족속이 받을 복이 무엇인지 구체적으로 언급하
지 않았다. 그러나 이 복을 바울은 이렇게 설명하였다: "그리스도
께서 우리를 위하여 저주를 받은 바 되사 율법의 저주에서 우리
를 속량하셨으니....이는 그리스도 예수 안에서 아브라함의 복이
이방인에게 미치게 하고, 또 우리로 하여금 믿음으로 말미암아
성령의 약속을 받게 하려 함이라" (갈 3:13-14). 이 말씀에 의하
면, 모든 족속, 곧 이방인들에게 약속된 복은 예수 그리스도의
대속적 사역의 결과로 주어지는 성령의 약속이었다.[10]

성령이 이방인들에게도 주어졌다는 사실은 새로운 세대로 접

---

10) 누가복음에서는 이 성령을 "내 아버지께서 약속하신 것"이라고 표현
   한다 (눅 24:49).

어들었다는 것을 의미한다. 다른 말로 하면, 율법의 세대에서 벗어났다는 말이다. 본래 율법은 출애굽을 경험한 이스라엘 백성이 하나님—그들을 애굽에서 건져내신 하나님—처럼 거룩하게 살라고 주신 언약서였다 (출 24:7-8). 그러나 이스라엘 백성은 그 율법의 진의를 망각하고 외적으로만 율법을 지키려고 했다. 물론 그것은 불가능한 일이었고, 따라서 그들은 거룩하게 살기는커녕 타락한 백성으로 전락했다 (롬 2:28-29).

그렇다면 하나님이 이스라엘의 조상 아브라함을 부르셨을 때 주신 약속은 무효가 되었단 말인가? 물론 아니다! 하나님은 그 약속을 이루시기 위하여 이스라엘에게 새로운 언약을 주셨다.[11] 이 새로운 언약은 외적인 것이 아니라 내적인 것이며, 조건적인 것이 아니라 무조건적인 것이었다. 왜냐하면 이스라엘 백성은 첫 언약인 율법을 외적으로, 곧 육신적으로 지키지 못했기 때문이었다. 하나님은 이런 이유들을 설명하면서 예레미야를 통하여 새 언약을 주셨다.

> 여호와의 말씀이니라. 보라, 날이 이르리니, 내가 이스라엘 집과 유다 집에 새 언약을 맺으리라. 이 언약은 내가 그들의 조상들의 손을 잡고 애굽 땅에서 인도하여 내던 날에 맺은 것과 같지 아니할 것은 내가 그들의 남편이 되었어도 그들이 내 언약을 깨뜨렸음이라. 여호와의 말씀이니라. 그러나 그 날 후에 내가

---

11) 언약과 성령의 강림의 관계를 위해 다음을 보라: Darrell Bock, "Scripture & the Realization of God's Promises," *Witness to the Gospel: The Theology of Acts*, I. Howard Marshall & David Peterson 편집 (Grand Rapids, MI: Wm. B. Eerdmans Publishing Co., 1998), 49 이하.

> 이스라엘 집과 맺을 언약은 이러하니, 곧 내가 나의 법을 그들
> 속에 두며, 그들의 마음에 기록하여, 나는 그들의 하나님이 되
> 고, 그들은 내 백성이 될 것이라. 여호와의 말씀이니라.
>
> 예레미야 31:31-33

그런데 이 새 언약에 의하면, 하나님은 그의 법을 이스라엘 백성의 속, 곧 그들의 마음에 기록하신다고 하셨다. 어떻게 그런 일이 가능하단 말인가? 이 말씀은 보충 설명을 필요로 했다. 하나님은 이처럼 필요한 보충 설명을 다른 선지자를 통해 하셨는데, 곧 에스겔이었다. 에스겔이 이에 대하여 설명할 때는 이스라엘 백성이 우상 숭배와 성적 타락으로 인하여 나라를 잃고 바벨론에 잡혀갔을 때였다. 그러므로 그들은 그런 죄들로부터 씻김을 받지 않으면 안 되는 절박한 상황이었다.

"내가...맑은 물을 너희에게 뿌려서 너희로 정결하게 하되, 곧 너희 모든 더러운 것에서와 모든 우상 숭배에서 너희를 정결하게 할 것이며, 또 새 영을 너희 속에 두고, 새 마음을 너희에게 주되, 너희 육신에서 굳은 마음을 제거하고 부드러운 마음을 줄 것이며, 또 내 영을 너희 속에 두어 너희로 내 율례를 행하게 하리니, 너희가 내 규례를 지켜 행할지라"(겔 36:24-27).

결국, 새 언약을 받기 위하여 이스라엘 백성은 그들의 성적 죄와 우상 숭배의 죄에서 씻겨져야 했다. 그리할 때 하나님은 그들에게 성령을 부어 주신다는 언약이었다. 그들은 그들 속에 들어온 성령의 능력으로 하나님의 모든 법을 지킬 수 있다는 그야말

로 새 언약이었다. 지금까지는 율법을 육체적으로 지키려했으나 실패했고, 그 결과 율법을 깨뜨렸다. 그러나 이제는 성령의 도우심으로 율법을 지켜 행할 수 있다는 약속이었다.

그러나 아브라함에게 약속된 모든 민족은 새 언약과 성령의 임재에 포함되어 있지 않았다. 아브라함에게 주신 약속을 이루기 위하여 하나님은 그 후 또 다른 선지자를 사용하셨는데, 바로 요엘이었다. 그를 통하여 주어진 약속을 인용해보자, "그 후에 내가 내 영을 만민에게 부어 주리니, 너희 자녀들이 장래 일을 말할 것이며, 너희 늙은이는 꿈을 꾸며, 너희 젊은이는 이상을 볼 것이며, 그 때에 내가 또 내 영을 남종과 여종에게 부어 줄 것이며"(욜 2:28-29).

이 약속에 의하면, 성령은 *만민*에게 부어지는데, *만민*은 물론 모든 이방인들도 포함하는 표현이다. 성령의 강림이 종족과 신분과 남녀노소의 구별 없이 우주적으로 임하실 현상에 대한 표현이다.[12] 이런 우주적인 성령의 약속은 일찍이 아브라함에게 함축적으로 주어졌다. 그러나 점진적 계시에 의하여, 그리고 이스라엘 백성의 실패의 경험에 의하여, 그 성령의 약속이 이방인들에게도 해당된다는 엄청난 사실이 알려졌다.

예수 그리스도가 이 세상에 오심으로 겨자씨처럼 작게 시작된 하나님의 나라가 이제 본격적으로 확립되고 확장될 준비가 된 것이다. 그것은 성령의 우주적 강림을 통해 가능해진 것이다. 그런 이유 때문에 예레미야 선지자는 "날이 이르리니"라고 시작했고,

---

12) Stott, *The Spirit, the Church and the World*, 74.

요엘 선지자는 "그 후에"로 시작했다. 베드로는 요엘서를 인용하면서 "그 후에"를 "말세에"라고 바꾸어 인용함으로 성령의 강림과 더불어 시작된 마지막 때를 강조하였다. 그리고 이 마지막 때는 성령을 통하여 하나님이 통치하시는 때이다.13)

성령이 제자들에게 임하시면 그들은 하나님의 통치를 받게 된다. 그리고 하나님은 그들을 통하여 그의 나라를 이루신다. 사도행전에 기록된 지상명령에 의하면, 성령은 그들을 통하여 두 가지 방법으로 역사하신다. 첫째는 그들에게 주어진 권능을 통해서이다.14) 물론 제자들이 받을 권능은 성령의 권능이지, 결코 그들이 이스라엘의 회복을 꿈꾸며 생각했던 어떤 정치적인 능력이나 혁명적인 능력을 의미하지 않는다.15)

이 능력은 성령이 주시는 초자연적인 능력으로, 복음전도를 위하여 주어지는 것이다. 제자들이 예수 그리스도의 복음, 곧 그분의 죽음과 부활의 메시지를 전파할 때 역사하시는 성령의 능력이다. 그 역사를 통해 죄인들이 죄에 대하여 책망을 받으며 (요 16:8), 그 결과 그들의 죄에 대하여 애통하며 회개하게 된다. 그

---

13) 이 마지막 때는 "이방인의 시대," "은혜의 시대," "교회의 시대," "성령의 시대" 등으로 특징지어지기도 한다.

14) 성령의 능력을 *기적의 능력*과 *도덕적 능력*으로 설명하기도 한다. David Thomas, *Acts of the Apostles: Expository & Homiletical Commentary* (Grand Rapids, MI: Kregal Publications, 1980), 9.

15) 제자들에게 주어질 능력은 그들이 염두에 두었던 이스라엘 회복의 방법이 잘못되었다는 것을 시사한다. 이를 위해 다음을 보라: John Calvin, *Commentary upon the Acts of the Apostles,* 제1권, *Calvin's Commen- taries*, 제18권 (Edinburgh: Calvin Translation Society, 1843; reprint; Grand Rapids, MI: Baker Book House Co., 1993), 46.

들은 그들의 죄 때문에 예수님이 십자가에 죽으신 역사적 사실을 깨닫고 그분을 구주로 받아들이게 된다.

성령의 능력은 이런 사람들을 내적으로 변화시킨다. 성령의 능력은 외적 변화를 통해서 내적인 변화를 유도하지 않는다. 더군다나 성령의 능력은 환경의 변화를 통하여 내적인 변화를 유도하지도 않는다. 성령의 능력은 언제나 마음 속에서 정결한 마음을 창조하여 그들을 새로운 피조물로 만든다 (고후 5:17). 한발 더 나아가서, 성령의 능력은 그들로 하여금 하나님의 법을 사랑하고 지키게 만든다. 제자들이 성령을 선물로 받았을 때 이런 능력도 받았다.16)

4. 하나님 나라의 영역

성령이 제자들을 통하여 역사하시는 두 번째 방법은 그들, 곧 사람들이다. 첫 번째 방법이 그들에게 주어진 능력이라면, 두 번째 방법은 그들 자체를 바꾸시는 것이다. 그들은 지금까지 보고 들을 바를 증거하지 못했다. 증거는커녕 오히려 두려움과 불신에 붙잡혀 숨어 있었다. 그러나 주님은 그들을 증인으로 바꾸시겠다는 것이다. 그리고 증인된 그들을 통해 하나님의 나라를 건설하시고 또 그 나라의 영역을 확장시키시겠다는 것이다.17)

---

16) Ray C. Stedman, *Birth of Body* (Santa Ana, CA: Vision House Publishers, 1974), 21.
17) 혹자는 제자들이 성령의 감동으로 성경을 기록함으로 하나님 나라의 확장에 기여했다고 한다. 이를 위해 다음을 보라: R. C. H. Lenski,

증인은 원래 법정 용어로, 사실을 있는 그대로 진술하는 사람이다. 다시 말해서, 증인은 그가 보고, 듣고, 경험한 사실을 증거하는 사람이다. 증인은 다른 사람에게서 들은 말이나 들은 풍문을 전할 수 없다. 그는 경험을 통하여 확실히 아는 것을 증거해야 한다.[18] 사도 요한도 그렇게 말한다. "...우리가 들은 바요, 눈으로 본 바요, 자세히 보고 우리의 손으로 만진 바라....이 영원한 생명을 우리가 보았고 증언하여 너희에게 전하노니"(요일 1:1-2).

그러나 증거는 말로만 하는 것은 아니다. 물론 말도 필요하나 삶과 행동으로 보여 주어야 한다.[19] 언행이 일치하지 않는다면 그 말의 증거는 힘을 잃게 된다. 주님은 제자들이 말로만 아니라 삶으로 증거하라고 그들에게 성령의 권능을 부어 주셨다. 그렇지 않다면 어떻게 두려움에 떨던 제자들이 세계를 정복한 저 강대한 로마 제국을 향하여 입을 벌려 예수 그리스도를 증거할 수 있었겠는가? 성령의 권능을 통하여 제자들은 자연스럽게 삶이 변화되었고, 그 변화된 삶에서 말과 일치하는 행동이 나타났다.

제자들은 삶을 바탕으로 증언할 때 두말할 필요도 없이 입을 열어야 했다. 법정에 선 증인이 입을 열지 않으면 안 되는 것과 마찬가지이다.[20] 그들이 이렇게 입을 열어 증언했을 때 그것을

The Interpretation of the Acts of the Apostles (Minneapolis, MN: Augsburg Publishing Hosue, 1961), 32.

18) William Barclay, The Acts of the Apostles, 개정판 (Philadelphia, PA: The Westminster Press, 1976), 12.

19) Ibid., 12-13.

20) G. Michael Cocoris, Evangelism: A Biblical Approach (Chicago: The Moody Press, 1984), 42.

듣는 사람들이 항상 우호적으로 반응하리라고 기대할 수 없다. 오히려 많은 경우 그들의 증언 때문에 제자들은 모진 박해를 받았을 뿐 아니라, 심지어는 목숨까지도 잃었다. 실제로 제자들은 참된 증인으로서 대부분 순교자가 되었다.[21]

그러면 제자들이 증인으로 설 법정은 어느 곳이었는가? 놀랍게도 그들의 법정은 예수 그리스도를 구세주로 알지 못하는 사람들이 있는 곳이었다. 주님은 제자들의 증언 장소를 구체적으로 제시하셨는데, 바로 예루살렘과 온 유대와 사마리아와 땅 끝이었다. 다시 말해서, 그들은 사람들이 있는 곳이면 어디든지 찾아가서 증언을 해야 했다. 이런 주님의 제시는 제자들에게는 너무나 파격적인 것이었다.

그 제시가 파격적인 이유는 구약성경의 가르침 때문이었다. 그 가르침에 의하면 예루살렘이 법정의 역할을 하였기에, 이방인들이 주님에 대한 증언을 들으려면 그 곳으로 찾아와야 했다. 구약의 가르침을 직접 보자: "말일에 여호와의 전의 산이 모든 산꼭대기에 굳게 설 것이요...만방이 그리로 모여들 것이라. 많은 백성이 가며 이르기를, '오라, 우리가 여호와의 산에 오르며, 야곱의 하나님의 전에 이르자. 그가 그의 길을 우리에게 가르치실 것이라. 우리가 그 길로 행하리라' 하리니, 이는 율법이 시온에서부터 나올 것이요, 여호와의 말씀이 예루살렘에서부터 나올 것임이니라" (사 2:2-3).

---

21) 그러므로 헬라어 *마르투스*(μάρτυς)는 증인과 순교자의 의미를 동시에 갖고 있다. Barclay, *The Acts of the Apostles*, 13.

예수님의 제자들도 역시 유대인이었다. 그런데 그들이 사람들이 있는 곳이면 땅 끝까지 가서 증인의 역할을 감당해야 된다는 것이었다. 예루살렘과 온 유대는 문제가 없었다. 사마리아는 많은 의문을 일으킬 수 있는 곳이었다. 그러나 땅 끝은 참으로 지금까지 전래(傳來)된 성경의 가르침과 습관을 뒤집는 파격적인 것이었다. 주님은 무엇을 근거로 유대인 제자들에게 그런 명령을 내리실 수 있었는가?[22]

그런 명령을 주실 수 있는 근거는 두말할 필요도 없이 주님의 부활이었다. 주님은 당신의 공생애 중에 이런 말씀을 하신 적이 있었다. "나는 이스라엘 집의 잃어버린 양 외에는 다른 데로 보내심을 받지 아니하였노라" (마 15:24). 그런 이유 때문에 예수님은 공생애 기간을 이스라엘 나라에서만 사역하셨다. 물론 시시때때로 예수님은 이방인들을 구원하기도 하셨으나, 그것은 어디까지나 그분을 찾아온 사람들 가운데서 이루어진 일이었다 (마 8:13, 15:28).

그런데 부활하신 주님은 하늘과 땅에 있는 모든 권세를 받으셨다. 이것은 이스라엘 나라만을 위하여 사용될 제한적인 권세가 아니었다. 이것은 모든 민족과 모든 사람들을 망라하는 우주적인 권세였다. 이런 권세를 받으신 주님은 제자들에게 땅 끝까지도 가서 모든 족속을 제자로 삼으라는 우주적인 명령을 주셨다. 그

---

22) 구심적 선교에서 원심적 선교로 전환된 분수령은 주님의 부활이있다. 이를 위해 다음을 보라: Johannes Blauw, *The Missionary Nature of the Church* (Grand Rapids, MI: Wm. B. Eerdmans Publishing Co., 1962), 83-84.

리고 제자들이 그 명령에 순종하여 증언했을 때 민족을 초월해서 역사하시는 성령의 능력을 경험하였다.23)

제자들은 주님의 말씀대로 예루살렘에서 증언을 시작했고 (행 1-7장), 그 후 온 유대로 흩어지면서 증인의 역할을 충실하게 감당했다 (행 8:1-4). 그러나 그들은 오랫동안 숙원(宿怨)의 관계에 있던 사마리아로 들어가서 신실하게 주님의 죽으심과 부활을 증언했다 (행 8:5 이하).24) 그러나 제자들은 거기에서 중단하지 않았다. 그들은 주님의 말씀대로 사람들이 사는 곳이면 장소와 종족을 가리지 않고 찾아가서 부활하신 주님을 증거했다. 그들의 영역은 "땅의 모든 권세"를 받으신 주님의 영역과 일치했다 (마 28: 18). 제자들은 주님의 마지막 명령을 신실하게 받들었다.

나가면서

하나님의 나라는 예수 그리스도가 이 세상에 오심으로 시작되었다. 그리고 그 나라는 성령의 강림과 더불어 확장되기 시작했다. 성령이 권능으로 통치하시는 하나님의 나라는 그 특성이 영적이다. 그 나라에 들어오는 사람들을 영적으로 변화시켰다. 뿐만 아니라, 하나님의 나라는 그 구성이 국제적이다. 그 안에는 유대인들도 있었고, 사마리아인들도 있었고, 이방인들도 있었다.

---

23) Stott, *The Spirit, the Church and the World*, 43.
24) 이들 간의 숙원을 위해 다음을 보라: 홍성철, 『현대인을 위한 복음전도의 성경적 모델』 (서울: 도서출판 세복, 2002), 98-99.

그리고 하나님 나라의 확장은 점진적이었는데, 처음에는 예루살렘에서 시작되었으나 마침내는 세계로 뻗어나갔다.[25]

본래 하나님은 이런 하나님의 나라를 위한 증인으로 이스라엘 백성을 세우셨다 (사 43:10). 그러나 이스라엘은 그런 증인의 역할을 감당하지 못했다. 감당하기는커녕 그들은 한편으로 증인다운 삶을 살지 못했고, 또 한편으로 증언의 대상들을 무시했다. 하나님은 그들 대신 신실한 종인 예수 그리스도를 증인으로 택하셨다. 그리고 그분은 그 증인의 역할을 제자들에게 전수하셨다.[26]

놀랍게도 이런 하나님 나라의 확장은 보잘 것 없는 사람들에 의하여 시작되었다. 비록 그들은 보잘 것 없는 사람들이었으나, 그들은 다른 사람들에게는 없는 것들을 가지고 있었다. 첫 번째는 그들이 예수 그리스도로부터 부르심을 받고 3년 동안 훈련을 받았다. 두 번째는 그들에게 처음으로 성령의 권능이 강림하셨다. 그 때까지 어느 누구에게도 그와 같은 성령의 임재는 없었다.

그들은 평범한 사람들이었으나 성령의 권능으로 비범(非凡)한 증인들이 되었다. 그리고 성령의 통치를 받으면서 그들은 인간적으로 불가능한 사역에 몰입(沒入)했다. 그 결과 그들은 엄청난 역사를 이루면서 하나님의 나라를 확장시켰다. 결국, 성령 충만을 경험한 제자들이 복음, 곧 예수 그리스도의 대속적 죽음과 부활을 신실하게 전파했고, 그 증거를 성령은 사용하셔서 사람들을

---

25) Stott, *The Spirit, the Church and the World*, 44.
26) F. F. Bruce, *The Book of Acts*, 14쇄 (Grand Rapids, MI: Wm. B. Eerdmans Publishing Co., 1979), 39.

변화시켰다. 그리고 그 변화된 사람들을 통해서 성령은 교회를
이루셨고, 그 교회를 통해서 성령은 하나님의 나라를 확장시키셨
다.[27] 바로 이것을 위하여 주님은 제자들에게 마지막 지상명령
을 주셨던 것이다.

---

27) Oswald C. J. Hoffmann, "The Work of the Holy Spirit in Acts," *One
    Race, One Gospel, One Task*, 제1권, Carl F. H. Henry & W. Stanley
    Mooneyham 편집 (Minneapolis, MN: World Wide Publications,
    1967), 67.

참고 도서

Barclay, William. *The Acts of the Apostles*, 개정판. Philadelphia, PA: The Westminster Press, 1976.

Blauw, Johannes. *The Missionary Nature of the Church.* Grand Rapids, MI: Wm. B. Eerdmans Publishing Co., 1962.

Bock, Darrell L. *Luke 1:1–9:50*, 제1권. *Baker Exegetical Commentary on the New Testament.* Moises Silver 편집. Grand Rapids, MI: Baker Books, 1994.

_____. "Scripture & the Realization of God's Promises." *Witness to the Gospel: The Theology of Acts.* I. Howard Marshall & David Peterson 편집. Grand Rapids, MI: Wm. B. Eerdmans Publishing Co., 1998.

Boice, James Montgomery. *Foundations of the Christian Faith: A Comprehensive & Readable Theology.* Downers Grove, IL: InterVarsity Press, 1986.

Bruce, F. F. *The Book of Acts*, 14쇄. Grand Rapids, MI: Wm. B. Eerdmans Publishing Co., 1979.

Cocoris, G. Michael. *Evangelism: A Biblical Approach.* Chicago: Moody Press, 1984.

Gooding, David. *True to the Faith: A Fresh Approach to the Acts of the Apostles,* 2쇄. London: Hodder & Stoughton, 1991.

Hoffmann, Oswald C. J. "The Work of the Holy Spirit in Acts." *One Race, One Gospel, One Task*, 제1권. Carl F. H. Henry & W. Stanley Mooneyham 편집. Minneapolis, MN: World Wide Publications, 1967.

Lenski, R. C. H. *The Interpretation of the Acts of the Apostles.*

Minneapolis, MN: Augsburg Publishing Hosue, 1961.

Plummer, Alfred. *A Critical & Exegetical Commentary on the Gospel according to St. Luke*, 5쇄. Edinburgh: T. & T. Clark Ltd., 1977.

Stebbins, Tom. *Evangelism by the Book.* Camp Hill, PA: Christian Publications, 1991.

Stedman, Ray C. *Birth of Body.* Santa Ana, CA: Vision House Publishers, 1974.

Stott, John R. W. *The Spirit, The Church, and the World: The Message of Acts.* Downers Grove, IL: InterVarsity Press, 1990.

Thomas, David. *Acts of the Apostles: Expository & Homiletical Commentary.* Grand Rapids, MI: Kregal Publications, 1980.

Towns, Elmer L. 편집. *A Practical Encyclopedia: Evangelism and Church Growth.* Ventura, CA: Regal Books, 1995.

홍성철. 『현대인을 위한 복음전도의 성경적 모델』. 서울: 도서출판 세복, 2002.

"제사장 나라가 되라"

"제사장 나라가 되라"

6

"제사장 나라가 되라"

(출애굽기 19:1-6)

들어가면서

지금까지 주 예수 그리스도가 부활하여 승천하시기까지 40일 동안 제자들을 만나서 그들에게 주신 마지막 명령을 살펴보았다. 그 명령은 간단히 말해서 제자들이 우주적인 복음화에 헌신하라는 것이었다. 그렇다면 그 우주적인 복음화라는 개념은 주님이 처음으로 소개하신 개념인가? 그 이전에는 그런 개념이나 가르침이 전혀 없었는가? 물론 주님이 그 개념을 구체적으로 제시하신 것도 사실이나, 그런 개념은 이미 구약성경에도 산재(散在)하였다.

그 가운데 대표적인 것은 아브라함에게 주어진 언약이었다. 하나님이 아브라함을 갈대아 우르에서 불러내실 때 엄청난 약속을 주셨다. 그 약속은 아브라함을 통하여 "땅의 모든 족속이 너로

말미암아 복을 얻을 것이라"는 것이었다 (창 12:3). 물론 이 약속
은 구체적이지는 않지만, 후에 바울 사도는 그것이 구체적으로
복음 전파를 통해 이루어진다는 사실을 언급하였다. "또 하나님
이 이방(족속)을 믿음으로 말미암아 의로 정하실 것을 성경이 미
리 알고 먼저 아브라함에게 복음을 전하되, 모든 이방인(족속)이
너로 말미암아 복을 받으리라 하였느니라" (갈 3:8).

그러나 그 약속이 복음을 통하여 실현되기 전에 아브라함의
후손들이 반드시 넘어야 할 과정이 있었다. 하나님은 그 과정을
아브라함과 언약을 맺으면서 이렇게 말씀하셨다: "네 자손이 이
방에서 객이 되어 그들을 섬기겠고, 그들은 사백 년 동안 네 자손
을 괴롭히리니" (창 15:13). 그리고 그 말씀대로 아브라함의 후
손, 곧 이스라엘 백성은 애굽에서 종의 신분으로 온갖 고초를 당
하면서 430년을 보냈다.

그런데 하나님은 아브라함과 언약을 맺으실 때 고난만을 말씀
하지 않으셨다. 그분은 그 고난 뒤에 있을 해방과 풍요(豊饒)에
대해서도 말씀하셨다. "그들이 섬기는 나라를 내가 징벌할지며,
그 후에 네 자손이 큰 재물을 이끌고 나오리라" (창 15:14). 이
약속대로 이스라엘 백성은 마침내 애굽을 나와서 하나님이 약속
하신 땅을 향해 승리의 진군(進軍)을 하였다 (창 15:18-21, 출 12:
41). 그들은 애굽을 떠난 후 신광야를 지나 마침내 시내산에 이
르렀다. 이스라엘 백성이 애굽을 떠난 지 석 달째 되는 때였다.[1]

---

1) 첫째 달에는 애굽을 출발했고, 둘째 달에는 신광야를 지났으며, 셋째
   달에는 시내산에 이르렀다. 이를 위해 다음을 보라: Benno Jacob, *The*

이스라엘 백성은 시내산에서 11개월 이상 머물면서 하나님으로부터 *토라*를 받고, 또 그분의 지시를 따라 *성막*을 지었다. *토라*가 부여된 목적은 이스라엘 백성이 하나님처럼 거룩한 삶을 영위하게 하기 위함이며, 성막을 지은 것은 그들 가운데 임재하신 하나님을 섬기게 하기 위함이었다.

그렇다면 왜 하나님은 이스라엘 백성 가운데 거하시면서 그들이 거룩하게 살기를 원하셨는가? 그 이유는 하나님이 그들에게 주신 사명을 이루게 하기 위해서였다. 하나님은 그런 이유 때문에 *토라*와 *성막*의 조감도(鳥瞰圖)를 주시기 전에 그들에게 사명을 먼저 주셨던 것이다.

본문을 열면서

하나님은 아브라함에게 주신 약속대로 이스라엘 백성을 애굽에서 해방시키신 후 어떤 사명을 주셨는가? 그 사명을 구체적으로 살펴보기 위하여 먼저 본문을 읽어보자:

> 이스라엘 자손이 애굽 땅을 떠난 지 삼 개월이 되던 날, 그들이 시내 광야에 이르니라. 그들이 르비딤을 떠나 시내 광야에 이르러 그 광야에 장막을 치되, 이스라엘이 거기 산 앞에 장막을 치니라. 모세가 하나님 앞에 올라가니, 여호와께서 산에서 그를 불러 말씀하시되, "너는 이같이 야곱

Second Book of the Bible: Exodus, Walter Jacob 옮김 (Hoboken, NJ: Ktav Publishing House, Inc., 1992), 523.

의 집에 말하고, 이스라엘 자손들에게 말하라. 내가 애굽
사람에게 어떻게 행하였음과 내가 어떻게 독수리 날개로
너희를 업어 내게로 인도하였음을 너희가 보았느니라. 세
계가 다 내게 속하였나니, 너희가 내 말을 잘 듣고 내 언약
을 지키면 너희는 모든 민족 중에서 내 소유가 되겠고, 너
회가 내게 대하여 제사장 나라가 되며, 거룩한 백성이 되리
라. 너는 이 말을 이스라엘 자손에게 전할지니라."

출애굽기 19:1-6

위의 본문은 이스라엘의 *매그너 차타*(Magna Charta), 곧 대헌
장이라고도 불릴 수 있다.2) 왜냐하면 이 말씀은 이스라엘 국가
의 탄생과 사명을 언급하며, 동시에 그 국가가 누릴 세계와의 관
계를 언급하기 때문이다. 그리고 그 모든 배후에는 이스라엘을
사랑하시는 하나님이 계시다는 사실을 언급하기 때문이다. 이와
같은 내용을 포함한 본문을 보다 분석적으로 접근하기 위하여 다
음과 같은 소제목으로 살펴보자: 1) 이스라엘의 구원, 2) 이스라
엘의 사명, 3) 이스라엘의 실패.

1. 이스라엘의 구원

이스라엘 백성이 하나님을 통하여 경험한 구원은 과연 초자연
적일 뿐 아니라, 이스라엘 민족을 한 국가로 탄생시킨 엄청난 사
건이었다. 모세는 그 구원을 자세히 묘사하기 위하여 이렇게 서

---

2) Ibid., 528.

두(序頭)를 장식한다. "이스라엘 자손이 애굽 땅을 떠난 지 삼 개월이 되던 날"(1절). 이 말씀에는 구원을 함축하는 표현이 둘이나 있는데, 하나는 *떠났다*이고 또 하나는 *삼 개월*이다. 전자는 억압에서 해방된 사람들이 약속의 땅을 찾아 자유롭게 출발하는 행동을 역동적으로 나타낸 것이며, 후자는 그 행동이 이루어진 시점으로부터 계산된 날짜를 기록한 것이다.3)

그러나 이 말씀이 강조하는 것은 구원의 시점이 아니라, 그 구원의 결과 이스라엘 백성이 시내산에 도착하여 진을 친 사실이었다. 그런 이유 때문에 "시내 광야에 이르러"와 "장막을 치다"라는 말을 각각 두 번씩이나 반복하였다. 하나님의 관심은 그들이 경험한 과거의 구원만이 아니라, 그 경험을 토대로 앞으로 그들이 수행해야 할 사명이었다. 하나님은 그들이 진을 친 시내산에서 그 사명을 주셨다.

모세는 산꼭대기, 곧 하나님 앞으로 올라가서 너무나 중요한 사명을 받았다. 그것이 중요한 것은 그 사명 때문에 하나님이 이스라엘 백성을 애굽에서 건져내셨기 때문이다. 뿐만 아니라, 그 사명 때문에 이스라엘 백성이 하나님 앞에서나 세계에서 특별한 위치를 차지했기 때문이다. 한발 더 나아가서, 그 사명 때문에

---

3) "삼 개월이 되던 날"은 구체적으로 3월 1일을 가리킨다. 참고로 2일에는 모세가 산에 올랐다가 내려왔고 (19:3, 7), 3일에는 모세가 백성의 말을 여호와께 전했으며 (19:9), 4일에는 모세가 다시 산에 올랐다가 내려왔고 (19:10, 14), 5일에는 준비하였으며 (19:10, 15), 6일에 율법을 받았다 (19:16). 이를 위하여 다음을 보라: Cornelis Houtman, *Exodus 7:14— 19:25*, 제2권, Sierd Woudstra 옮김 (Kampen, the Netherlands: Kok Publishing House, 1996), 428.

이스라엘의 미래가 결정되었기 때문이다. 두말할 필요도 없이 모세는 산기슭에서 기다리고 있는 백성에게 내려와서 그 사명을 받은 그대로 전했다.[4]

하나님이 모세를 통해 이스라엘 백성에게 주신 사명은 무엇보다도 이스라엘의 구원을 기초로 한다. 그 이유는 간단하다! 그들이 받은 사명은 그들이 경험한 구원의 하나님을 세계에 전하는 것이기 때문이다. 그 구원은 그들이 거룩한 삶을 영위해야 하는 근거이며, 동시에 그들이 전파해야 하는 근거이다. 그런 이유 때문에 하나님은 그들에게 십계명을 주실 때도 그들이 경험한 구원을 토대로 말씀하셨다 (출 20:2).

1) 하나님의 사랑

그 사명은 이렇게 시작된다. "내가 애굽 사람에게 어떻게 행하였음과...." 이스라엘 백성을 애굽에서 건져내기 위하여 하나님은 무엇을 하셨는가? 하나님은 크게 두 가지 역사를 행하셨는데, 하나는 소극적으로 애굽에 대한 것이었고, 또 하나는 적극적으로 이스라엘에 대한 것이었다. 그러나 나중에 보겠지만, 애굽에 대한 역사도 궁극적으로는 이스라엘 백성을 위한 것이었다. 그것을 하나님은 요약적으로 "내가 애굽 사람에게 어떻게 행하였음"이라

---

4) 모세가 하나님과 백성 사이를 종적으로 여섯 번씩이나 오르락내리락 하면서 언약의 중개자 역할을 담당한 사실을 구체적으로 보려면 다음을 참고하라: Thomas B. Dozeman, "Spatial Form in Exodus 19:1-8a and in the Larger Sinai Narrative," *Semeia*, no. 46 (1989): 96.

고 표현하셨다.

하나님이 모세를 통해 애굽의 통치자인 바로에게 말씀하신 것은 한 마디로 이스라엘 백성을 해방시키라는 것이었다 (출 3:8-10, 4:22-23, 5:1, 6:6-7). 그러나 애굽 왕 바로는 그런 하나님의 명령을 완강하게 거부하였다. 거부했을 뿐 아니라, 그는 이스라엘 백성을 더 심하게 괴롭혔다. 하나님이 여러 가지 방법으로 바로에게 접근하셨으나, 그는 간교한 속임수와 타협안으로 이스라엘 백성의 해방을 거부하였다.[5]

하나님은 애굽 백성을 다루기 시작하셨다. 그분은 먼저 물로 피가 되게 하심으로, 생명의 근원인 물을 죽음의 상징으로 바꾸셨다 (출 7:19). 이 첫 번째 재앙을 시작으로 하나님은 열 가지 재앙을 애굽 백성에게 쏟아 부으셨다. 그러나 하나님이 마지막 열 번째 재앙을 내리지 않으셨더라면 애굽의 왕과 백성은 이스라엘 백성을 결코 해방시키지 않았을 것이다. 그 재앙은 모든 장자와 동물의 첫 새끼를 죽이는 것으로, 첫 번째 재앙처럼 피가 연루(連累)된 재앙이었다.

하나님이 경고하신 날 밤에 애굽의 모든 장자와 가축의 첫 새끼가 모두 죽음을 당했다 (출 12:29). 그러나 하나님은 이스라엘 자손과 가축은 죽음을 면하게 하셨다. 유월절의 양이 그들을 대신하여 피를 흘리고 죽음으로써 그들은 죽음을 면했던 것이다. 그 유월절 양의 피를 대문의 양쪽 기둥과 인방에 발랐고, 죽음의

---

5) 바로가 제시한 타협을 위하여 다음을 보라: 홍성철, 『현대인을 위한 복음전도의 성경적 모델』 (서울: 도서출판 세복, 2002), 264 이하.

천사는 그 피를 바른 모든 집을 비켜갔다 (출 12:27). 그 결과 이스라엘 백성이 애굽을 떠날 수 있었는데, 그들은 하나님이 아브라함에게 약속하신 대로 많은 재물을 가지고 애굽을 떠났다 (출 12:36).

그 날은 애굽에게는 치명적인 날이었으나, 반대로 이스라엘에게는 해방의 날이었다. 이스라엘 백성이 430년 만에 종의 신분에서 벗어난 날이었다. 그 때까지 이스라엘 백성은 애굽을 구성하고 있었던 한 소수 민족에 불과했으나, 이제는 어엿한 독립국가가 되었다. 그들에게는 새로운 기원(紀元)도 갖게 되었고 (출 12:2), 그들 자신의 지도자도 갖게 되었다. 그리고 그 지도자의 영솔(領率) 아래 하나님이 약속하신 땅을 향하여 진군하기 시작했다 (창 15:18-21).

결국, "내가 애굽 사람에게 어떻게 행하였음과"는 애굽인들에 대한 심판을 의미하는데, 특히 열 번째의 재앙인 장자를 죽이는 심판을 의미한다. 그러나 그 심판은 동시에 이스라엘 백성에게는 하나님의 사랑을 극명(克明)하게 드러낸 행위였다. 왜냐하면 그 심판을 통해서 하나님은 이스라엘 백성을 애굽에서 해방시키셨기 때문이다. 뿐만 아니라, 하나님이 이스라엘 백성의 장자 대신에 어린양을 죽게 하심으로 그들 가운데 한 사람도 축내지 않고 구원하신 사랑의 표현이었다.[6]

---

6) 이런 하나님의 행위는 "이스라엘에 대한 사랑의 행위이나 동시에 애굽에 대한 공의의 행위"라고 한 학자도 있다. 이를 위하여 다음을 보라: Hout- man, *Exodus*, 441-42.

2) 하나님의 능력

이스라엘 백성이 애굽에서 해방되어 독립국가가 되기까지는 넘어야 할 산이 또 하나 있었다. 그들이 애굽을 떠나 하나님의 인도하심을 따라 진군하고 있을 때, 애굽 왕과 군대가 그들을 좇기 시작했다. 그들로 하여금 애굽을 떠나가게 할 수 없었기 때문이었다. 이스라엘 백성은 앞으로 나아갈 수도 없고 뒤로 물러설 수도 없는 진퇴양난(進退兩難)에 빠졌다. 뒤에서는 애굽 군대가 추격하고 있었고, 앞에는 홍해가 그들을 가로막고 있었기 때문이다.

이처럼 인간적으로 불가능한 상황에서 하나님이 다시 개입하셨다. 하나님은 홍해를 가르시고 이스라엘 백성으로 하여금 바다 가운데로 통과하게 하셨다. 그러나 그들을 추격하면서 따라오는 애굽 군대는 모두 물에 잠겨 죽게 하셨다 (출 14:28-29). 이처럼 엄청난 모습을 모세는 이렇게 묘사했다. "그 날에 여호와께서 이같이 이스라엘을 애굽 사람의 손에서 *구원*하시매....이스라엘이 ...그 큰 *능력*을 보았으므로" (출 14:30-31).

하나님이 이스라엘을 애굽 사람으로부터 건져내기 위하여 평상시에는 있을 수 없는 많은 일들이 일어났다. 첫째는 애굽 사람들을 여러 가지 재앙으로 치셨다. 많은 사람들이 다쳤고 그리고 생명을 잃었다. 그들도 하나님의 피조물이며 사랑의 대상이었는데도 말이다. 그들이 하나님의 명령을 그처럼 악독하게 거스르지 않았다면 그런 일은 일어날 필요가 없었을 것이다.

둘째는 애굽을 떠나 약속의 땅을 바라보고 진군하는 이스라엘 백성들을 구름기둥과 불기둥으로 인도하셨다 (출 13:22). 물론 그런 기둥은 그들의 길을 인도하는 길잡이의 역할도 했다 (출 13:17, 21; 15:13). 그뿐 아니라, 그 기둥은 이스라엘 백성의 보호막이 되기도 했다 (사 52:12). 뜨거운 사막에서 구름기둥은 마치 현대판 에어컨과 같았으며, 쌀쌀한 밤중에 불기둥은 오늘날의 벽난로와 같은 역할을 하고도 남았다. 이것도 이스라엘을 구원하기 위한 또 다른 하나님의 능력이었다.

셋째는 이스라엘 백성이 애굽을 떠나 시내산에 이를 때까지 하나님은 그들의 필요를 신실하게 채워 주셨다. 그들에게 양식을 주셨는데, 그것도 떡과 고기를 함께 아우른 양식이었다 (출 16:13-15). 뿐만 아니었다! 사막에서 없어서는 안 될 물도 공급하셨다 (출 17:6). 양식과 물을 먹은 사람과 동물이 각각 근 삼백만이나 되는 것을 생각할 때, 가히 전능하신 하나님만이 하실 수 있는 대역사였다. 하나님은 이스라엘 백성을 애굽에서 건져내시고 그대로 내버려 두지 않으셨다. 그들의 구원을 이루시기 위하여 하나님은 계속해서 능력으로 역사하셨다.

그러나 그 모든 능력 가운데서도 가장 위대한 것은 역시 홍해를 가르신 역사였다. 다른 모든 능력에도 불구하고 홍해를 건너지 못했다면 이스라엘 백성은 결코 독립국가가 되지 못했을 것이다. 하나님은 모든 자연의 법칙을 깨뜨리면서까지 홍해를 가르시고, 한편 애굽 군대를 그 곳에 장사하고, 또 한편 이스라엘 백성을 애굽으로부터 완전히 분리시키셨다.[7] 구약성경 전체에서 이

---

7) 이런 분리와 하나님에게 나아옴으로 이스라엘 백성은 제사장이 된다.

것보다 더 큰 기적은 없다. 이런 기적을 통해 하나님은 이스라엘을 그분의 나라로 삼으셨다.[8] 더할 나위 없는 하나님의 능력이 과시된 것이다.

3) 독수리의 날개

하나님이 큰 능력으로 이스라엘 백성을 구원하신 사실을 본문은 이렇게 묘사한다. "내가 어떻게 독수리 날개로 너희를 업어 내개로 인도하였음을 너희가 보았느니라." 물론 이런 묘사는 사랑과 능력을 동시에 포함한 하나님의 보호를 의미한다.[9] 모세는 다른 곳에서 이와 같은 하나님의 보호를 독수리가 새끼들을 보호하는 것과 비유해서 설명한 적이 있다.

> 여호와께서 그를 황무지에서 짐승이 부르짖는 광야에서 만나시고, 호위하시며, 보호하시며, 자기의 눈동자 같이 지키셨도다. 마치 독수리가 자기의 보금자리를 어지럽게 하며, 자기의 새끼 위에 너풀거리며, 그의 날개를 펴서 새끼를 받으며, 그의 날개 위에 그것을 업는 것 같이, 여호와께서 홀로 그를 인도하셨고, 그와 함께 한 다른 신이 없었도다.
>
> 신명기 32:10-12

이를 위해 다음을 보라: Deryck Sheriffs, "Moving on with God: Key Motifs in Exodus 13-20," *Theomelios* (Jan./Feb.): 56.

8) Johann Karl Keil & Fridrick Delitzsch, *Keil & Delitzsch Old Testament Commentaries*, 제1권 (Grand Rapids, MI: AP & A, 1949), 451.
9) Ibid.

하나님의 보호를 독수리에 비유한 이유는 간단하다. 독수리는 그 새끼들을 가장 주의 깊게 지켜보며 보호하기 때문이다. 독수리는 새끼들을 강제로 보금자리에서 끌어내어 날게 한다. 그들이 날 때에는 바위에라도 떨어져 다치거나 죽을까봐 그 새끼들 밑에 날면서 언제나 받을 준비를 한다.[10] 하나님은 그와 같이 이스라엘 백성을 애굽에서 나오게 한 후 그들을 독수리의 새끼들처럼 돌보시고 보호하셨다.

그뿐 아니라, 독수리는 공중의 왕이다. 독수리는 다른 모든 새들보다 높이 그리고 고고(孤高)하게 날면서도 새끼들을 보살핀다. 독수리가 그처럼 높이 날면서 새끼들을 그 날개로 업어서 날 때, 어떤 적도 그리고 어떤 화살도 그들을 해칠 수 없다.[11] 이처럼 하나님은 우주의 창조자요 이스라엘의 구속자로서 이스라엘 백성을 애굽에서 인도해 내실 때 어떤 누구도 그 길을 막을 수 없었고, 또 이스라엘 백성을 해칠 수도 없었다.[12]

독수리가 새끼들을 보금자리에서 강제로 내보낸 후 새끼들을 단련시키듯이, 하나님도 이스라엘 백성을 그들의 "보금자리"인 애굽에서 끌어내어 그들을 단련시키셨다. 물론 애굽이 고통과 눈물의 장소인 것도 사실이나 (출 1:14; 5:9, 22), 그래도 그 곳은

---

10) Ibid.
11) Jacob, *Exodus*, 526.
12) 혹자는 독수리의 날개를 빠르고도 능력 있는 구원을 상징한다고 본다. 이를 위해 다음을 보라: John Wesley, *John Wesley's Commentary on the Bible*, G. Roger Schoenhals 편집 (Grand Rapids, MI: Francis Asbury Press, 1990), 76-77.

그들에게 양식과 거주지와 보호의 장소가 되었다 (출 16:1-3, 민 11:1-9). 하나님은 애굽에서 안주(安住)하고 있는 이스라엘 백성을 끌어내셨다. 그들을 단련시켜 하나님의 일을 감당하게 하기 위한 것이었다.13)

그런 이유 때문에 "내가 어떻게 독수리 날개로 너희를 업어 내게로 인도하였음"은 하나님이 이스라엘을 선택하셨다는 것을 뜻할 수도 있다.14) 하나님의 선택은 많은 특권을 수반(隨伴)하나, 동시에 많은 책임도 따른다. 하나님이 이스라엘을 "장자"로 선택하신 사실은 특권과 책임을 함축한다 (출 4:22). 그것은 하나님을 알지 못하는 다른 민족도 그분의 "차자"(次子), 곧 그분의 자녀들이 되도록 창조주요 구속자이신 하나님을 전해야 한다는 것을 의미한다.15)

2. 이스라엘의 사명

이스라엘 백성은 하나님의 사랑과 능력을 통하여 그처럼 큰 구원을 경험하였다. 그러나 그들만 그 구원의 하나님을 향유(享有)할 수는 없었다. 그들은 홍해를 건넌 직후, 하나님에 대한 감사와 감격을 표현하면서 부정적이긴 해도 다른 민족들도 그 구원

---

13) Warren W. Wiersbe, *Be Delivered: Finding Freedom by Following God* (Colorado Springs, CO: Chariot Victor Publishing, 1998), 101-2.
14) Houtman, *Exodus*, 442.
15) Richard Wolff, *Israel Act III: The Bible and the Mideast* (Wheaton, IL: Tyndale House, Publishers, 1967), 21.

에 연루시킨 바 있었다. "여호와여, 신 중에 주와 같은 자가 누구니이까? 주와 같이 거룩함으로 영광스러우며 찬송할 만한 위엄이 있으며, 기이한 일을 행하는 자가 누구니이까?....여러 나라가 듣고 떨며....놀람과 두려움이 그들에게 임하매, 주의 팔이 크므로 그들이 돌 같이 침묵하였사오니..." (출 15:11-16).

하나님이 이스라엘 백성을 구원하신 사건은 더 이상 그들만을 위한 역사가 아니었다. 그 구원은 일차적으로는 이스라엘을 위한 것이었지만, 이차적으로는 애굽 백성에게, 그리고 그 후에는 열국을 위한 것이었다. 결국, 하나님이 애굽 백성을 재앙으로 치면서 이스라엘을 구원하신 것은 그분이 어떤 분인가에 대한 계시이기도 했다. 그런 계시의 범위를 하나님은 열 가지 재앙 사이에 틈틈이 언급하셨다.

첫 번째 계시의 범위는 이스라엘 백성에 대한 것이었다. 그들이 하나님이 어떤 분인지 경험적으로 알지 못한다면 사명을 효율적으로 감당할 수 없기 때문이었다. 그런 이유 때문에 하나님은 재앙의 이유를 이렇게 설명하셨다. "네게 내가 애굽에서 행한 일들, 곧 내가 그들 가운데에서 행한 표징을 네 아들과 네 자손의 귀에 전하기 위함이라. 너희는 내가 여호와인 줄을 알리라" (출 10:2).

두 번째 계시의 범위는 애굽 사람들에 대한 것이었다. 애굽 백성이 그 동안 이스라엘 백성을 종으로 부려먹은 것으로 만족하고 그들을 순순히 내보내야 했었다. 그러나 그들이 하나님의 뜻을 거부했을 때, 그분이 손수 간섭하고 여러 가지 재앙을 통해 하나님이 누구인지를 알려 주셨다. 하나님의 말씀을 들어보자, "....이로 말미암아 이 땅에서 내가 여호와인 줄을 네가 알게 될 것이라"(출 8:22).

세 번째 계시의 범위는 온 세상으로 이스라엘을 구원하신 그 하나님을 천하에 알리는 것이었다. 하나님은 창세로부터 모든 인간을 사랑하셨고, 또 모두를 구원하기 원하셨다. 그러나 그들의 반복된 반항으로 홍수와 언어의 혼잡을 통해 심판하셨으나(창 6:13, 11:7), 그래도 그들을 아주 버리신 것은 아니었다. 하나님은 아브라함을 부르셨고, 그리고 마침내 이스라엘을 애굽에서 건져내시는 역사를 통하여 자신을 세상에 계시하기 시작하셨다. 그런 하나님의 의도를 이런 재앙과 연관해서 하신 말씀에서 찾을 수 있다. "내가 너(바로)를 세웠음은 나의 능력을 네게 보이고, 내 이름이 온 천하(天下)에 전파되게 하려 하였음이니라"(출 9:16).

결국, 하나님의 궁극적인 관심은 온 세상이었으며, 따라서 자신을 그 세상에 나타내시기를 원하셨다. 그런 하나님의 의도를 세상에 전달할 수 있는 매개는 바로 이스라엘 백성이었다. 왜냐하면 그들만이 하나님이 사랑과 능력으로 일구어 놓으신 구원을 경험하였기 때문이다. 그런 이유 때문에 하나님은 이스라엘 백성에게 높아진 신분을 부여하시기에 앞서서 "세계가 다 내게 속하였나니"라는 선언을 하셨다 (출 19:5, 9:29 참조). 그리고 그 세상과 연관된 신분을 삼중적(三重的)으로 말씀하셨는데, 애굽에 속한 종의 신분일 때와는 사뭇 다른 것이었다.

1) 하나님의 소유

하나님은 이스라엘 백성을 "업어" 자신에게로 인도하셨다. 하나님과 이스라엘은 더 이상 창조주와 피조물의 관계만이 아니었다. 하나님은 이스라엘을 구원해내신 구속자가 되신 것이다. 그러므로 이스라엘은 창조와 구속을 통하여 이중적으로 하나님의 소유가 된 것이었다. 이처럼 이중적인 의미에서 하나님의 소유가 된 이스라엘에게 하나님은 두 가지를 말씀하셨다. "내 말을 잘 듣고 내 언약을 지키면" (출 19:5).

그러나 하나님은 이 두 가지를 억지로 맡기지 않으셨다. 하나님의 사랑과 능력을 경험한 이스라엘 백성이 자원하는 마음으로 받아들이기를 원하셨다. 하나님은 정복자처럼 강제로 이런 것들을 집행하지 않으셨다. 그분은 구속자로서 그들에게 선택할 수 있는 기회를 주셨다.[16] 그러나 일단 받아들이면 그들은 그 언약을 듣고 또 지켜야 할 의무를 갖는다.[17] 그런데 놀라운 사실은 의무와 더불어 엄청난 축복도 따른다는 사실이다.

그 축복 가운데 첫 번째로 제시된 것은 "하나님의 소유"라는 신분이다. 그 때까지 이스라엘 백성은 혈통적으로 이스라엘, 곧 야곱의 자손이었다. 그러나 일단 그들이 하나님의 언약을 받아들

---

16) John I. Durham, *Exodus, Word Biblical Commentary*, 제3권, Bruce M. Metzger 편집 (Waco, TX: Word Books, Publishers, 1987), 262.

17) 혹자는 이것을 *행위의 언약*이라고 한다. 하나님은 이스라엘을 구원하기 위하여 어떤 것도 요구하지 않았으나, 이제부터는 그들에게 순종을 요구하신다. 이를 위해 다음을 보라: Arthur W. Pink, *Gleanings in Exodus* (Chicago: Moody Press, 1973), 153.

이면, 하나님과 특별한 관계로 들어간다. 다시 말해서, 그들은 여호와의 백성, 곧 신앙의 공동체가 되는 것이다.[18] 그 때부터 그들은 하나님의 말씀을 경청하고, 순종할 뿐 아니라, 그 말씀을 지켜서 여호와를 드러내는 "하나님의 소유"가 되는 것이다.

"소유"란 단어는 특별히 선택한 후 마음에 품으면서 그것을 다른 어떤 다른 사람에게 맡기지 않는다는 의미이다. 그런 이유 때문에 이 단어는 종종 금과 은 같은 보석을 의미하기도 했다 (대상 29:3, 말 3:17, 전 2:8). 시편 기자도 같은 단어를 사용하여 이스라엘을 그처럼 귀한 소유로 묘사했다. "여호와께서 자기를 위하여 야곱 곧 이스라엘을 자기의 *특별한* 소유로 택하셨음이로다" (시 135:4, 신 7:6 참조). 한 마디로 말해서, 하나님은 이스라엘을 세상의 어떤 것보다도 존귀한 백성으로 여기셨다.[19]

하나님은 이스라엘과 이처럼 특별한 관계를 맺고 또 유지하기를 원하셨다. 그런 유지를 강조하기 위하여 하나님은 이 언약에서 다른 어떤 것도 포함시키지 않으셨다. 하나님은 이스라엘 백성에게 물질적인 축복, 자손의 번성, 국가의 번영은 물론, 영토의 확장, 적국에 대한 승전, 세상적인 명예 등에 대해서는 일체 언급하지 않으셨다. 왜냐하면 시내산에서 맺은 언약은 하나님과 이스라엘 사이에서 이루어지는 내적 관계에 초점을 맞추고 있기 때문이었다.[20]

---

18) Durham, *Exodus*, 262.
19) 혹자는 이스라엘과 비교할 때 세상은 값싼 잡동사니에 불과하다고 언급한다. 이를 위해 다음을 보라: George Bush, *Commentary on Exodus* (Grand Rapids, MI: Kregal Publications, 1993), 238.
20) Jacob, *Exodus*, 528. 시편 73:23 이하도 같은 내용을 강조한다.

그런 내적 관계를 통해서 하나님이 원하신 것은 이스라엘이 세상을 향해 창조자요 구속자이신 하나님을 전하는 것이었다. 왜냐하면 그 세상을 하나님이 창조하셨을 뿐만 아니라, 이스라엘 백성처럼 구원하기를 원하셨기 때문이다. 이처럼 중대한 이유 때문에 하나님은 이스라엘을 당신의 "소유"라고 주장하기 전에 "세계가 다 내게 속하였다"는 선언을 하셨다. 바로 그 세상을 위하여 하나님은 이스라엘 백성을 당신의 소유로 선택하셨다.21)

2) 제사장 나라

이스라엘 백성이 이처럼 하나님과 언약 관계를 맺을 때 따르는 두 번째 축복은 그들이 하나님에 대하여 "제사장 나라"가 되는 것이다. 먼저 "제사장"의 의미를 이해하기 위해서 이스라엘의 제사장을 살펴보자. 열두 지파 가운데서 하나님은 레위 지파를 선택하셨고, 다시 그 가운데서 아론의 가족을 제사장으로 선택하셨다. 하나님이 아론과 그 자손을 그렇게 제사장으로 선택하신 것은 하나님 앞에서 이스라엘을 섬기기 위해서였다 (레 9:7).

마찬가지로, 하나님이 이스라엘 백성을 모든 열방으로부터 구분하여 제사장으로 삼으신 것은 하나님 앞에서 바로 그 열방을 섬기게 하기 위함이었다. 제사장은 하나님의 존전(尊前)에 나갈 수 있으며, 하나님을 예배하며 섬기는 특권을 부여받은 것도 사실이다.22) 그러나 그런 모든 특권은 그들만 누리라고 주어진 것

---

21) Ibid., 526.

은 아니었다. 그들은 그 특권을 가지고 그들이 뽑혀 나온 사람들에게로 돌아가서 그들을 섬기는 데 사용해야 했다. 그런 이유 때문에 하나님은 "세계가 다 내게 속하였다"고 선언하신 후 그들을 "제사장 나라"라고 하신 것이다.

이스라엘을 "나라"라고 말씀하신 것도 역시 같은 맥락에서이다. 나라는 통치자가 필요하며, 그 *나라*의 통치자는 바로 하나님이시다. 그들은 애굽의 왕, 바로의 통치를 받으면서 오랜 세월을 보냈다. 그러나 왕 중의 왕이신 여호와가 이스라엘 백성을 해방시키셨기에, 그들은 더 이상 바로 왕을 섬길 필요가 없게 되었다. 뿐만 아니라, 그들은 이 세상의 어떤 왕의 통치도 받을 필요가 없게 되었다. 왜냐하면 그들은 그들의 해방자이신 하나님의 통치를 받게 되었기 때문이다.[23]

이스라엘 백성은 하나님의 나라를 섬기는 직분을 받았는데, 그것이 바로 "제사장 나라"이다. 그런데 하나님의 나라는 이스라엘 나라보다 훨씬 광대하다. 하나님은 그런 나라를 위하여 이스라엘을 국가적으로 제사장의 역할을 하는 나라로 삼으신 것이다. 결국, 하나님의 나라는 제사장의 역할을 담당할 이스라엘을 필요로 하며, 이스라엘은 그들의 특권을 활용하여 섬길 수 있는 세상을 필요로 했다.

---

22) John Arthur Davies, "A Royal Priesthood: Literary and Intertextual Perspectives on an Image of Israel in Exodus 19:6," *Tyndale Bulletin*, 53 no. 1 (2002): 159.
23) Göran Larsson, *Bound for Freedom* (Peabody, MA: Hendrickson Pub- lishers, 1999), 132.

그러나 이스라엘이 "제사장 나라"라고 해서 다른 민족보다 뛰어났다거나, 아니면 자격이 더 많은 것은 결코 아니다. 오히려 그 반대이다! 모세는 이스라엘의 특권과 연관시키면서 자격 없는 그들을 이렇게 묘사했다. "너는 여호와 네 하나님의 성민이라. 네 하나님 여호와께서 지상 만민 중에서 너를 자기 기업의 백성으로 택하셨나니, 여호와께서 너희를 기뻐하시고 너희를 택하심은 너희가 다른 민족보다 수효가 많기 때문이 아니니라. 너희는 오히려 모든 민족 중에 가장 적으니라" (신 7:6-7).

자격 없는 이스라엘 선택하여 "제사장 나라"로 삼으신 목적은 그들이 경험한 하나님의 사랑과 능력을 모든 사람들에게 전하게 하기 위함이었다 (신 7:8). 다른 말로 표현하면, 하나님은 모든 세상을 너무나 사랑하시기 때문에 이스라엘을 특별한 존재로 뽑으셨다. 이제 이스라엘은 하나님의 종으로서 열방들에게 하나님을 드러내야 한다. 열방을 염두에 두지 않았다면 하나님은 결코 이스라엘을 "제사장 나라"로 삼지 않으셨을 것이다.24)

3) 거룩한 백성

이스라엘 백성이 하나님의 말씀을 경청하고 또 그 말씀을 지킬 때 주어지는 세 번째 축복은 그들이 "거룩한 백성"으로 변화된다는 사실이다. 위에서 언급된 두 가지 신분—하나님의 소유와

---

24) Nahum M. Sarna, *Exodus*, *The JPS Torah Commentary*, Nahum M. Sarna 편집 (Jerusalem: The Jewish Publication Society, 1991), 104.

제사장 나라--처럼 이 신분도 역시 "세계가 다 내게 속하였나니"
와 연결되어 있다. 하나님이 이스라엘 백성을 구원하셨을 뿐 아
니라, 한발 더 나아가서 그들과 특별한 언약 관계를 맺으시고 그
들을 거룩한 나라로 삼으신 궁극적 목적은 세계를 향한 사랑 때
문이었다.

이스라엘이 언약을 통해 하나님에게 위탁하자 하나님은 그들
을 귀중한 보물처럼 여기셨다. 그런 이유 때문에 "하나님의 소유"
는 이스라엘 백성이 향유한 하나님과 관계를 강조하였다. 그러나
이스라엘 백성은 그런 관계를 즐기고만 있을 수는 없었다. 그들
은 그런 관계를 세상 사람들에게도 소개해서 그 관계를 확대해야
되는데, 그런 사역을 강조한 표현이 바로 "제사장 나라"이었다.

이스라엘이 "제사장 나라"인 세상 사람들에게 하나님을 소개
할 때, 사람들은 하나님을 볼 수 없어도 그 하나님을 전하는 이스
라엘 백성은 볼 수 있었다. 그런 까닭에 그들은 하나님의 속성과
모습을 보여 주지 않으면 안 되었는데, 그런 모습이 바로 "거룩한
나라"였다. 하나님과 언약을 맺은 사람들이 사고와 삶의 방식에
서 세상 사람들과 다르지 않다면 그들은 그들의 사명을 효과적으
로 완수할 수 없을 것이다. 그런 목적 때문에 하나님은 언약 관계
로 들어가는 이스라엘 백성을 "거룩한 나라"로 삼으신 것이다.[25]

"거룩"의 의미를 좀더 깊이 살펴보기 위하여 레위기를 보자. 레
위기에서는 이스라엘 백성이 하나님처럼 거룩하라는 명령이 반
복적으로 나온다 (레 11:44-45; 19:2; 20:7, 26; 21:8). 그런데

---

25) Durham, *Exodus*, 263.

"거룩"을 "소유"와 연관시킨 구절이 있나, "너희는 나에게 거룩할
지어다: 이는 나 여호와가 거룩하고, 내가 또 너희를 나의 소유로
삼으려고 너희를 만민 중에서 구별하였음이니라" (레 20:26). 이
말씀에 따르면, 하나님의 소유는 마땅히 그 주인이신 하나님의
거룩을 닮아야 한다. 그리고 그처럼 닮아진 모습을 다시 만민에
게로 들어가서 보여 주어야 한다.

그렇다면 이스라엘 백성은 어떻게 하나님을 닮아갈 수 있는
가? 그들은 하나님이 제정(制定)하신 특별한 법규를 따라 훈련
을 받아야 한다. 하나님이 제정하신 법에 따르면, 이스라엘 백
성은 그들의 사명을 감당할 수 있는 구체적인 명령과 금령을
지켜야 했다. 그들은 그런 법들을 준수하면서 한편 하나님과 밀
접한 관계를 유지하며, 또 한편 열방들에게 하나님을 드러낼 수
있었다.26)

그 법규에 의하면 이스라엘 백성은 음식, 의복, 결혼, 질병, 해
산, 인간 관계 등 모든 분야에서 절제된 삶을 살아야 한다. 그러
나 하나님의 거룩은 그것만이 아니다! 하나님은 흠과 점도 없는
순결한 분이시며, 따라서 그분은 영광 자체인 분이시다. 하나님
은 이스라엘 백성을 애굽에서 건져내고, 또 인도하면서 그분의
영광을 드러내셨다 (출 15:1, 16:10, 40:34). 그러므로 이스라엘
백성이 한편으로 깨끗한 삶을 영위하고, 또 한편으로는 열방을
하나님에게로 인도하는 일이 바로 하나님의 거룩을 드러내는 것

---

26) Sarna, *Exploring Exodus*, 131. 그런 극기의 생활을 구체적으로 제시
한 것은 레위기 11-25장에서 찾을 수 있다.

이라고 할 수 있다.[27]

3. 이스라엘의 실패

하나님이 이스라엘 백성을 애굽에서 건져내셨을 뿐 아니라, 특별한 언약 관계를 유지하신 분명한 이유가 있었다. 그것은 "세계가 다 내게 속하였나니"라는 선언에 충분히 함축되어 있었다. 창조와 보존의 하나님은 이 세상을 영광스럽게 창조하셨고 또 그렇게 보존하기를 원하셨다. 그러나 세상이 창조주를 거부하고 나락(奈落)의 길에 들어서자, 하나님은 그런 세상을 구원하시기를 원하셨다. 그리고 그 구원의 도구로 이스라엘을 선택하셨다.

그처럼 고귀한 목적 때문에 이스라엘은 "하나님의 소유"가 되었다. 그것은 많은 특권을 의미하지만 동시에 그 특권을 상실할 수도 있는 책임을 함축하기도 했다.[28] 이스라엘은 "제사장 나라"로 불려졌다. 열방에 하나님의 사랑과 능력을 전하면서 그런 사역에 걸맞는 영적 특권을 누리라는 말씀이기도 했다. 그러나 이스라엘 백성은 그런 특권을 옳게 사용하지도 못하고, 오히려 오용(誤用)하는 어리석음을 드러냈다. 그들은 모든 특권을 상실하였을 뿐 아니라, 그에 따른 많은 쓴 열매를 맛보지 않으면 안 되었다.[29]

---

27) Kiel & Delitzsch, *Kiel & Delitzsch Old Commentaries*, 454–55.
28) W. H. 기스펜, 『출애굽기』, 『반즈 신구약 성경주석』, 최종태 역 (서울: 크리스챤서적, 1989), 259.
29) 헤세드 종합자료 시리즈 편찬위원회, 『헤세드』, 제2권 (경기도: 임마누

하나님은 이스라엘 백성으로 하여금 그분을 대리하는 "거룩한
나라"로 삼으셨다. 그 목적은 간단했다! 열방에서 하나님을 드러
내어 그들로 하여금 그분 앞으로 인도하라는 것이었다. 그러나
얼마 지나지 않아서 이스라엘 백성은 이방인들에게 거룩한 영향
을 끼치기는커녕 오히려 그들로부터 영향을 받기 시작했다. 이스
라엘은 하나님을 섬기는 대신에 이방 신들을 섬기기 시작했다.
그렇게 함으로 그들은 자신은 물론, 그들의 땅과 성전까지도 더
럽히고 말았다.[30]

하나님이 시내산에서 이스라엘 백성과 맺은 언약은 이스라엘
의 미래와 운명을 좌우할 수 있는 엄청난 것이었다. 그 언약을
신실하게 준행함으로 하나님이 부여하신 특별한 신분을 누리든
지, 아니면 불순종함으로 그 모든 특권을 잃든지 둘 중 하나였다.
위에서 언급한 것처럼, 그들은 하나님의 이름을 이방인들 중에서
더럽혔다. 따라서 이스라엘 백성은 모든 특권을 잃은 것은 물론,
많은 고난과 아픔을 감수하지 않을 수 없었다. 그 아픔을 성경과
역사에서 간단히 살펴보자.

1) 성경의 실례

하나님은 모세에게 이스라엘 백성에게 그들의 삼중적인 신분
을 전하라고 반복해서 말씀하셨다 (출 19:3, 6). 모세가 전한 하

엘출판사, 1986), 331.
30) Wiersbe, *Be Delivered: Finding Freedom by Following God*, 103.

나님의 말씀을 백성이 적극적으로 수용함으로 하나님과 그들 사이에 언약이 체결되었다 (출 19:8; 24:3, 7). 그 때부터 이스라엘 백성은 제사장 나라로, 세상을 향해 하나님의 *토라*와 실존을 전하는 특권을 갖게 되었다. 먼저, 그들은 사랑과 능력의 하나님과 동행하면서 약속의 땅, 가나안을 정복했고 그리고 정착했다.[31]

그 후, 약속의 땅에서 이스라엘 백성은 하나님이 시내산에서 허락하신 상승된 신분을 만끽하였으나, 그 언약에 함축된 하나님의 의도, 곧 세계를 향해 하나님의 사랑과 능력을 전하지 않았다. 전하기는커녕 오히려 한편 이방인들을 멸시하고, 또 한편 이방인들과 타협하기 시작했다. 이방인들을 멸시한 실례는 선지자 요나의 행적을 통해서 묘사되었다 (욘 1:3). 이방인들과 타협하며 그들의 우상을 받아들인 실례는 아합 왕을 통해서 생생하게 묘사되었다 (왕상 16:33-36).

마침내 하나님은 이스라엘에게 주셨던 특권을 앗아가시기 시작했다. 하나님에게 그들은 더 이상 그분의 소유도 아니었고, 제사장 나라는 물론 거룩한 백성도 아니었다. 이스라엘에게 주어진 사명은 철두철미하게 실패로 돌아갔다.[32] 하나님은 이스라엘이 그처럼 멸시한 이방인들의 손을 빌어 이스라엘을 징계하기 시작하셨다. 첫 번째 이방 국가는 앗수르였으며 (왕하 17:6), 그 다음

---

31) 아이로니컬하게도 이스라엘은 주변 국가에 속한 사람들을 죽이면서 그들의 구원을 위한 사역을 시작했다. 이를 위해 다음을 보라: Heinz Kruse, "Exodus 19:5 and the Mission of Israel," *The Northeast Asia Journal of Theology,* March/September (1998): 134.

32) Ibid., 135.

은 바벨론이었다. 이스라엘은 바벨론의 포로로 잡혀가서 70년이란 기간 동안 나라 없는 서러움을 맛보았다 (렘 25:11).

이스라엘 백성은 하나님의 은혜로 이방 국가인 애굽의 종이라는 신분에서 해방되어 제사장 나라를 세웠다. 그러나 구속자이신 하나님과 맺은 언약을 방기(放棄)함으로 다시 이방 국가의 종이 되었다. 이번에는 애굽에서보다 훨씬 더 가혹하게 학대를 받으면서 70년을 보냈다. 물론 70년이 지나 일부가 돌아와서 나라를 다시 세우긴 했지만 그것은 50,000명도 안 되는 하잘 것 없는 나라였다 (스 2:64-65).

이스라엘 백성이 선택된 것은 결코 그들의 업적 때문도 아니고, 그들의 종교적인 필요 때문도 아니었다. 그들이 선택된 것은 그들만이 모든 축복과 영광을 누리게 하기 위해서도 아니었다. 그들은 그런 축복과 영광을 허락하신 하나님을 열방에 전달함으로 그 열방도 하나님이 베푸시는 구원을 경험하게 하기 위함이었다. 그러나 이스라엘 백성이 그런 사명을 저버렸을 때 그들은 다른 이방인들과 다를 바 없는 족속으로 전락(順落)했다.

하나님은 아모스 선지자를 통해서 이스라엘 백성을 더 이상 선민처럼 대할 수 없다고 선언하셨다. "여호와의 말씀이니라; 이스라엘 자손들아, 너희는 내게 구스 족속 같지 아니하냐? 내가 이스라엘을 애굽 땅에서, 블레셋 사람을 갑돌에서, 아람 사람을 기르에서 올라오게 하지 아니하였느냐? 보라, 주 여호와의 눈이 범죄한 나라를 주목하노니, 내가 그것을 지면에서 멸하리라" (암 9:7-8). 이 얼마나 비참한 결과인가?

2) 역사의 실례

그러나 이스라엘의 비극적인 운명은 그것으로 끝나지 않았다. 그들이 하나님이 언약 가운데서 허락하신 삼중적인 신분, 곧 "하나님의 소유," "제사장 나라," "거룩한 나라"라는 특권을 누리기를 원했지만 전하기를 거부하였기 때문에 그들이 겪은 고통은 너무나도 비참했다. 그들은 바벨론 이후에도, 메데 바사, 그리스와 로마의 통치를 연속적으로 받으면서 인간 이하의 삶을 영위했다.

그런 삶의 단면을 보여 주는 역사적인 실례는 많다. 이스라엘 백성이 로마의 통치 밑으로 들어가는 과정은 너무나 잘 알려진 사건이었다. 로마군은 티투스(Titus) 장군의 통솔 아래 예루살렘을 침공하였다. 3년이란 대치 기간 중 이스라엘 여자들은 자녀들까지 먹었다.[33] 실제로 예루살렘이 함락되었을 때, 로마군은 116,000구의 시체를 성 너머로 던졌다. 근 100,000명이 포로로 잡혀 종으로 팔려갔다. 이스라엘의 역사가 요세푸스(Josephus)에 의하면 1,100,000명이 죽음을 당했다.[34]

그러나 그런 비극이 처음은 아니었다. 예루살렘 성이 이처럼 도륙(屠戮)을 당하기 2년 전이었다. 가이사랴 사람들이 20,000명의 유대인을 학살했고 수천 명을 노예로 팔았다. 그리고 다메섹에서는 그 이방인 주민들이 단 하루에 10,000명이나 되는 유대인

---

33) Flavius Josephus, *The Works of Flavius Josephus: Antiquities of the Jews: A History of the Jewish Wars*, William Whiston 옮김 (Philadelphia, PA: David McKay, Publisher, n.d.), 842-43.

34) Ibid., 855.

의 목을 잘랐다.[35] 물론 이 모든 비극은 이스라엘 백성이 예수 그리스도를 구세주로 받아들이지 않고 십자가에서 처형시킨 행위에 대한 징벌이기도 하지만, 실제로 그런 비극은 이스라엘이 하나님으로부터 시내산에서 받은 뜻을 오용하면서 시작되었다.

로마 황제 하드리아누스(Hadrianus)는 주후 115년 로마를 향해 반란을 일으킨 유대인들을 진압한 후, 팔레스틴에 있는 985개의 촌락을 파괴하고 580,000명을 죽였다. 그보다 더 많은 사람들이 기아와 화재와 질병으로 죽었으며, 많은 유대인들은 동물 값으로 팔렸다. 그 때부터 유대인들은 예루살렘으로 들어가는 것이 허용되지 않았는데, 단 일 년에 하루는 들어가 무너진 성전의 벽에서 우는 것이 허용되었다. 그 통곡의 벽은 지금까지도 눈물로 얼룩지고 있다.[36]

이스라엘 백성이 하나님과 맺은 언약을 저버렸을 때 그 대가는 너무나 엄청난 것이었다. 주후 1236년에는 이런 일도 있었다. 십자군이 프랑스의 앙주(Anjou)와 쁘와뚜(Poitou)에 있는 유대인 주거지를 침공했다. 그들은 유대인들에게 세례받을 것을 권면했으나 물론 거부당했다. 십자군은 유대인 3,000명을 죽을 때까지 말발굽으로 짓밟았다. 그 후 프랑스에서만도 유대인들에 대한 박해는 1306년 100,000명이 그 나라에서 쫓겨나면서 극치에 달했다.[37]

---

35) Wolff, *Israel Act III*, 35.
36) Ibid., 35-36.
37) Ibid., 37.

애굽이라는 이방인의 굴레에서 하나님은 이스라엘을 구원하셨
다. 그리고 그들에게 다시 이방인들에게 하나님의 사랑과 능력을
전하라는 언약을 주셨건만, 그들은 그 언약을 무시했다. 그 결과
그들은 1949년 5월 11일에 독립국가로 탄생될 때까지 약 2500년
간이나 이방인들의 굴레에서 생명을 이어갔다. 그러나 많은 사람
들은 그 생명조차 유지하지 못하고 죽임을 당했는데, 그런 모든
비극은 제 2차 세계대전 중 독일인의 손에 죽은 6백만 명에 비하
면 오히려 미미하다고 할 수 있을 것이다.

3) 역할의 변화

그렇다면 세계 복음화라는 하나님의 의도는 영원히 중단되었
는가? 물론 아니다! 하나님은 여전히 당신이 창조하고 보존하는
세상 사람들을 사랑하시기 때문에 그들을 저버리시지 않는다. 그
런 마음을 가지고 하나님은 그의 사랑과 능력을 세상에 전할 새
로운 "이스라엘"을 일으키셨다. 그 목적을 위하여 하나님이 세우
신 새로운 "이스라엘"이 바로 교회이다.[38] 교회는 하나님이 이스
라엘에게 주신 사명을 물려받은 영적 "이스라엘"이라고 말할 수
있는 몇 가지 근거가 있다.

첫째 근거는 교회가 시작된 방법 때문이다. 이미 위에서 살펴
본 대로, 이스라엘이 한 국가로 탄생하기 위해서 큰 사건 두 가지

---

[38] 실제로 애굽에서 나와 약속의 땅으로 행진하던 이스라엘을 "광야 교
회"라고 부름으로, 기독교 교회가 이스라엘에게 주어진 사명을 이어
받은 것을 간접적으로 나타낸다. 이를 위하여 사도행전 7:38을 보라.

가 있었다. 하나는 유월절 양의 죽음이었고, 또 하나는 홍해를 건너는 사건이었다. 신약성경은 이 두 가지 사건을 예수님의 죽음과 부활에 비유했다. 유월절의 어린양은 예수 그리스도이시며 (고전 5:7), 홍해의 사건은 세례라고 함으로 부활을 상징하게 되었다 (고전 10:2). 그러므로 교회가 예수 그리스도의 죽음과 부활을 근거로 탄생하였다는 사실은 그것이 영적 "이스라엘"이라고 할 수 있는 충분한 근거가 된다.

둘째 근거는 교회가 주님으로부터 받은 사명 때문이다. 이스라엘은 격상된 신분—하나님의 소유, 제사장 나라, 거룩한 나라—이 강조됨으로 그에게 주어진 세계에 대한 책임을 간접적으로 맡게 되었다. 그러나 교회는 세계 복음화에 대한 책임을 주님으로부터 직접 받았다. 주님은 교회를 향해서 분명히 말씀하셨다, "너희는 온 천하에 다니며 만민에게 복음을 전파하라" (막 16:15).

셋째 근거는 신약성경의 저자들이 교회를 명명(命名)한 사실 때문이다. 사도 요한은 세상에서 구원받은 성도들, 곧 교회를 이스라엘처럼 "나라와 제사장"이라고 불렀다. "....일찍이 죽임을 당하사 각 족속과 방언과 백성과 나라 가운데에서 사람들을 피로 사서 하나님께 드리시고, 그들로 우리 하나님 앞에서 *나라와 제사장*들을 삼으셨으니 그들이 땅에서 *왕* 노릇 하리로다" (계 5:9-10, 20:6, 20:4, 22:5 참조).

예수 그리스도의 수제자인 베드로는 요한보다 훨씬 더 구체적으로 교회를 이스라엘처럼 불렀다. "...너희는 택하신 족속이요, 왕 같은 제사장들이요, 거룩한 나라요, 그의 소유가 된 백성이

니..." (벧전 2:9).39) 왜 베드로는 하나님이 이스라엘 백성에게 시
내산에서 주신 언약의 내용을 그대로 인용하면서 교회를 명명했
는가? 베드로는 그 목적을 아무도 오해할 수 없게 분명히 풀어서
언급했다. "...이는 너희를 어두운 데서 불러 내어 그의 기이한 빛
에 들어가게 하신 이의 아름다운 덕을 선포하게 하려 하심이라"
(벧전 2:9).

그렇다! 예수 그리스도의 교회는 온 인류의 구원을 위해 십자
가에서 죽으셨다가 부활하신 그분의 복음을 전할 막중한 책임을
가지고 있다. 그런데 그 메시지의 내용은 하나님이 이미 이스라
엘 백성에게 경험하게 하신 것과 일맥상통(一脈相通)한다. 이스라
엘 백성은 그들을 구원하기 위하여 유월절의 양을 통해 보여 주
신 하나님의 사랑과 홍해의 사건을 통해 보여 주신 하나님의 능
력을 세계에 전해야 했다. 그러나 이스라엘은 그 사명에 충실하
지 못했고, 따라서 하나님은 한편 그들을 징계하시며 동시에 그
사명을 교회에게 맡기셨다.40)

나가면서

이스라엘 백성은 "하나님의 장자"로서 많은 특권을 하나님으

39) 이 구절이 어떻게 이스라엘의 언약과 연결되며 또 그 의미가 무엇인
지를 알기 위해 다음을 보라: 홍성철, 『이렇게 예수 그리스도의 제자
가 되자』 (서울: 도서출판 세복, 2004), 117 이하.
40) Houtman, *Exodus*, 447.

로부터 부여받았다. 그들이 장자이기에 그들의 해방을 가로막는 애굽의 모든 장자를 죽이면서까지 하나님은 그들을 사랑하셨다. 한발 더 나아가서, 하나님은 애굽의 군대를 전멸시키면서까지 이스라엘 백성을 홍해에서 건져내셨다. 그리고 그들이 경험한 하나님의 사랑과 능력을 세상에 전달하라는 부탁을 받았다. 하나님은 그 부탁만을 하신 것이 아니라, 거기에 걸맞는 엄청난 신분과 지위도 허락하셨다.

애굽의 굴레에서 해방된 이스라엘 백성은 그들의 하나님만이 창조주요 구속자이심을 경험하였다. 그리고 그들은 그 하나님이 애굽의 신들이나 아니면 가나안의 신들처럼 일정한 지역에만 속해 있지 않다는 것도 알게 되었다. 하나님이 애굽의 신들을 패배시킴으로, 또 한편 "세계가 다 내게 속하였나니"라는 선언을 통해 하나님의 영역은 온 세상이라는 것도 알게 되었다. 그렇다면 그들은 그런 유일신을 세계에 전파하지 않을 수 있겠는가?

하나님이 이스라엘 백성에게 주신 계시는 이중적이었는데, 하나는 경험의 계시였고 또 하나는 말씀의 계시였다. 그들이 애굽을 탈출하면서 경험한 하나님의 손길, 특히 장자를 죽이는 재앙과 홍해를 가르시는 손길은 가히 역사적으로 전무후무한 경험의 계시였다. 그리고 하나님은 시내산에서 그 경험의 계시를 말씀의 계시로 설명하셨다. 그것이 바로 "세계가 다 내게 속하였나니"였다. 이처럼 이중적인 계시를 받은 이스라엘 백성의 특권과 책임은 너무나 특별한 것이었다.

이스라엘 백성은 세계 복음화에 전념했어야만 했다. 그들은 하나님과 세계 사이를 매개하는 제사장의 역할을 부여받았고, 그러면서 영적으로 그들을 지도할 수 있는 엄청난 신분을 받았다. 비록 이스라엘 백성은 그런 역할과 신분을 잘못 사용하여 엄청난 징계를 그토록 오랫동안 받았지만, 그렇다고 세계 복음화가 중단된 것은 아니었다. 하나님은 또 다른 영적 "이스라엘"인 교회를 새로운 족속으로 선택하셨다. 그리고 그 교회는 하나님이 한 때 이스라엘에게 약속하신 모든 특권을 누리면서 하나님의 사랑과 능력을 전 세계에 전하고 있는 것이다.

참고 도서

Bush, George. *Commentary on Exodus.* Grand Rapids, MI: Kre-
gal Publications, 1993.

Davies, John Arthur. "A Royal Priesthood: Literary and Inter-
textual Perspectives on an Image of Israel in Exodus
19:6." *Tyndale Bulletin,* 53 no. 1 (2002): 157-159.

Dozeman, Thomas B. "Spatial Form in Exodus 19:1-8a and in the
Larger Sinai Narrative." *Semeia,* no. 46 (1989): 87- 101.

Durham, John I. *Exodus. Word Biblical Commentary,* 제3권. Bruce
M. Metzger 편집. Waco, TX: Word Books, Pub- lishers,
1987.

Houtman, Cornelis. *Exodus 7:14—19:25,* 제2권. Sierd Woudstra 옮
김. Kampen, the Netherlands: Kok Publishing House,
1996.

Jacob, Benno. *The Second Book of the Bible: Exodus.* Walter Ja-
cob 옮김. Hoboken, NJ: Ktav Publishing House, Inc., 1992.

Josephus, Flavius. *The Works of Flavius Josephus: Antiquities of
the Jews: A History of the Jewish Wars.* William
Whiston 옮김. Philadelphia, PA: David McKay, Publisher,
n.d.

Keil, Johann Karl & Fridrick Delitzsch. *Keil & Delitzsch Old Tes-
tament Commentaries,* 제1권. Grand Rapids, MI: AP & A,
1949.

Kruse, Heinz. "Exodus 19:5 and the Mission of Israel." *The North-
east Asia Journal of Theology.* (March/September, 1998):
129-135.

Larsson, Göran. *Bound for Freedom*. Peabody, MA: Hendrickson Publishers, 1999.

Pink, Arthur W. *Gleanings in Exodus*. Chicago: Moody Press, 1973.

Sarna, Nahum M. *Exodus. The JPS Torah Commentary*. Nahum M. Sarna 편집. Jerusalem: The Jewish Publication Society, 1991.

Sheriffs, Deryck. "Moving on with God: Key Motifs in Exodus 13-20." *Theomelios* no. 15 (Jan./Feb., 1998): 49-60.

Wesley, John. *John Wesley's Commentary on the Bible*. G. Roger Schoenhals 편집. Grand Rapids, MI: Francis Asbury Press, 1990.

Wiersbe, Warren W. *Be Delivered: Finding Freedom by Following God*. Colorado Springs, CO: Chariot Victor Publishing, 1998.

Wolff, Richard. *Israel Act III: The Bible and the Mideast*. Wheaton, IL: Tyndale House, Publishers, 1967.

기스펜, W. H. 『출애굽기』. 『반즈 신구약 성경주석』. 최종태 역. 서울: 크리스챤서적, 1989.

헤세드 종합자료 시리즈 편찬위원회. 『헤세드』, 제2권. 경기도: 임마누엘출판사, 1986.

홍성철. 『이렇게 예수 그리스도의 제자가 되자』. 서울: 도서출판 세복, 2004.

_____. 『현대인을 위한 복음전도의 성경적 모델』. 서울: 도서출판 세복, 2002.

나가는 말

　　하나님은 천지를 창조하실 때 그 창조에 인간도 포함시키셨다. 그러나 하나님은 인간을 다른 피조물과는 달리 창조하셨다. 다른 동물과는 달리 오직 인간은 하나님의 형상을 따라 창조되었다. 그 이유 가운데 하나는 하나님의 형상을 닮은 인간이 "생육하고 번성하여." 그 결과 인간이 땅에 충만하여 그 땅을 다스리게 하게 함이었다 (창 1:26-28).

　　하나님이 인간을 당신의 형상을 따라 창조하신 또 다른 이유는 피조물인 인간이 창조주이신 하나님과 교제를 나누게 하기 위함이었다. 그런 교제를 가능하게 하기 위하여 하나님은 인간에게 당신의 영을 불어넣어 주셨다 (창 2:7). 영이신 하나님과 교제하기 위해선 인간에게도 영이 있어야 되기 때문이었다 (요 4:24).

　　그러나 이처럼 고귀한 하나님의 뜻은 인간의 불순종으로 무참히 짓밟혔다. 인간은 두 가지의 엄청난 특권을 동시에 다 잃었는데, 하나는 하나님의 형상이고 또 하나는 하나님의 영이었다. 그 이후 인간은 위로 하나님을 두려워하게 되었고, 아래로는 다른 사람들과 갖가지 갈등 속에서 살아가야 했다. 그뿐 아니라 인간은 한편 죄의식을 극복하지 못하고, 또 한편 피할 수 없는 죽음을 향해 걸어가는 한계 있는 존재로 전락했다.

그렇다면 하나님은 인간을 영원히 버리셨는가? 물론 아니다! 하나님은 사랑이시기에 그런 인간을 불쌍히 여기셨다 (요일 4:8, 16). 그리고 그 사랑의 표현이 바로 당신의 아들이었다. 하나님의 아들, 예수 그리스도가 이 세상에 오신 이유는 하나님의 처음 목적을 이루시기 위함이었다. 그 목적은 한편 하나님의 형상을 회복시키고, 또 한편 하나님의 영을 다시 불어넣어주는 것이었다.

그 결과는 무엇인가! 가깝게는 인간이 하나님과의 교제를 회복할 것이다. 그리고 멀게는 이 땅에 하나님의 형상을 닮은 사람들로 가득하게 될 것이다. 그렇다면 이런 결과가 저절로 이루어지는가? 물론 아니다! 예수 그리스도는 하나님의 형상과 교제의 회복을 위한 방법을 보여주셨다. 그 방법은 한 마디로 말해서 전도였다! 그런 이유 때문에 예수님의 첫 번째 공중사역은 전도였다 (마 4:17).

그 이유는 간단했다! 전도를 통해 인간은 그의 영적 상태를 알게 되기 때문이다. 그는 영적으로 죽었으며 (엡 2:1), 따라서 하나님으로부터 떨어져나간 외로운 존재이다. 물론 그 이유는 그의 허물과 죄 때문이다. 그뿐인가? 그는 죽음과 심판을 향해 그의 발길을 옮기고 있는 존재이다 (히 9:27). 그리고 마침내 지옥으로 던져질 것이다! (계 21:8)

전도를 통해 그런 것들만을 아는 것은 아니다. 전도를 통해 그 길에서 탈출할 수 있는 길도 알게 된다. 물론 그 길은 십자가에서

죽으셨다가 부활하신 예수 그리스도이다. 그분을 통해서 인간은
하나님과의 관계를 회복하며 (요 14:6), 동시에 하나님의 형상을
회복할 수 있다 (롬 8:29-30). 그런 이유 때문에 전도는 복된 소
식이다.

예수 그리스도는 인간 속에 들어오셔서 가장 효과적인 전도방
법도 보여주셨다. 그것은 전도자들을 양산(量産)시키는 것이다.
그리고 전도자들을 양산하기 위해선 훈련이라는 방법을 통하지
않고는 거의 불가능했다. 그런 이유 때문에 예수 그리스도는 처
음부터 제자들을 선택하시고 공중 사역 기간 내내 그들과 함께
하셨다 (막 3:14).

그 후부터 복음전도와 제자훈련은 불가분의 관계가 되었다.
이런 관계를 잘 보여주는 것이 바로 마태복음 4장이다. 위에서
언급한 것처럼, 예수님은 제일 먼저 복음을 전파하신 후 곧바로
제자들을 선택하셨다 (마 4:18-22). 제자들을 선택하신 직후 그
분은 그들에게 다시 전도의 모습을 보여주셨다 (마 4:23).

예수 그리스도는 하나님의 형상과 교제를 회복한 사람들이 이
세상에 가득하기를 원하시는 하나님의 본래 목적을 이루시기 위
하여 이 세상에 오셨다. 그런 이유 때문에 예수님은 이렇게 말씀
하셨다. "이 천국 복음이 모든 민족에게 증거되기 위하여 온 세상
에 전파되리니, 그제야 끝이 오리라" (마 24:14). 이 말씀에서 끝
은 세상의 종말이기도 하나, 동시에 하나님 나라의 완성이기도
하다.

예수 그리스도는 공중 사역을 시작하면서 끝날 때까지 이 비

전을 위해서 숨쉬고, 사역하고, 훈련하셨다. 마침내 예수 그리스도는 모든 훈련을 마쳤고, 그 비전을 제자들에게 전수하셨다. 이제 그분은 훈련을 마친 제자들에게 사역을 인계하신 후 하나님 아버지에게도 돌아가셨다. 그분은 어떻게 그 사역을 인계하셨는가? 그 인계를 묘사한 것이 바로 지상명령이었다.

그러므로 지상명령은 한 마디로 말해서 복음을 온 세상에 편만하게 전파하라는 것이다. 그리고 효과적인 복음 전파는 제자들을 훈련시키는 방법을 통한 것이었다. 제자들은 그 명령에 충성했으며, 따라서 하나님의 형상과 교제를 회복한 사람들이 여기저기에서 생겨나기 시작했다. 하나님이 처음 인간을 창조하신 목적이 예수 그리스도와 그분의 제자들을 통해 이루어지고 있는 것이다.

마침내, 이 복음이 생육과 번성을 통하여 모든 족속에게 전파될 때 창세전부터 있었던 하나님의 계획은 완성될 것이다. 그 계획이 완성되는 날, 예수 그리스도는 세상 각처와 각 족속에서 하나님의 형상과 교제를 회복한 수없이 많은 사람들을 신부처럼 맞아주실 것이다 (계 19:7-10). 바로 이런 비전을 위해 예수님은 죽음과 부활의 과정을 통과하셨던 것이다! 이런 비전을 사도 요한은 다음과 같이 예언한 적이 있었다: "이 일 후에 내가 보니, 각 나라와 족속과 백성과 방언에서 아무도 능히 셀 수 없는 큰 무리가 나와 흰 옷을 입고 손에 종려 가지를 들고 보좌 앞과 어린 양 앞에 서서 큰 소리로 외쳐 이르되, '구원하심이 보좌에 앉으신 우리 하나님과 어린 양에게 있도다'" (계 7:9-10).

이 모든 사람들은 예수 그리스도의 초림(初臨)과 재림(再臨) 사이에 복음을 듣고 하나님의 형상과 교제를 회복한 사람들이다. 두말할 필요도 없이, 이들은 예수 그리스도의 제자들과 그 제자들의 제자들을 통해 복음을 듣고 그 복음의 주인인 예수 그리스도를 믿은 사람들이다. 그런 이유 때문에 사도 요한은 이들에 대해 이렇게 묘사했다. "....어린 양의 피에 그 옷을 씻어 희게 하였느니라"(계 7:14).

예수 그리스도가 제자들에게 마지막으로 남겨주신 지상명령은 모든 교회와 그리스도인들에게도 주어지는 명령이다. 교회와 그리스도인들도 수없이 많은 사람들이 하나님의 형상과 교제를 회복하고 예수 그리스도의 환영을 받게 될 영광스러운 비전을 가지고 지상명령에 순종해야 할 것이다. 이 짧은 인생을 살아가는 동안 이처럼 위대한 비전에 몸과 마음을 바치는 것만큼 귀한 것은 결코 없기 때문이다.

종합 참고 도서

Allen, Willoughby C. *A Critical and Exegetical Commentary on the Gospel according to St. Matthew,* 3쇄. Edinburgh: T. & T. Clark, 1977.

Arias, Mortimer. "The Great Commission: Mission as Discipleship." *Journal of the Academy for Evangelism in Theological Education,* 제4권. (1988-1989).

Banks, William L. *In Search of the Great Commission.* Chicago: Moody Press, 1991.

Barclay, William. *The Acts of the Apostles,* 개정판. Philadelphia, PA: The Westminster Press, 1976.

_____. *The Gospel of John,* 제2권. Philadelphia, PN: The Westminster Press, 1975.

_____. *The Gospel of Mark.* Philadelphia, PA: The Westminster Press, 1975.

Barrett, David B. *Evangelize! A Historical Survey of the Concept.* Birmingham, AL: New Hope, 1987.

Beasley-Murray, George R. *John. Word Biblical Commentary,* 제36권. David A. Hubbard 편집. Waco, TX: Word Books, Publisher, 1987.

Blauw, Johannes. *The Missionary Nature of the Church.* Grand Rapids, MI: Wm. B. Eerdmans Publishing Co., 1962.

Bock, Darrell L. *Luke 1:1-9:50,* 제1권. *Baker Exegetical Commentary on the New Testament.* Moises Silver 편집. Grand Rapids, MI: Baker Books, 1994.

_____. "Scripture & the Realization of God's Promises." *Witness to the Gospel: The Theology of Acts*. I. Howard Marshall & David Peterson 편집. Grand Rapids, MI: Wm. B. Eerdmans Publishing Co., 1998.

Boice, James Montgomery. *Foundations of the Christian Faith: A Comprehensive & Readable Theology*. Downers Grove, IL: InterVarsity Press, 1986.

Bonhoeffer, Dietrich. *The Cost of Discipleship*, 19쇄. Ralph P. Martin 옮김. New York: Macmillan Publishing Co., Inc., 1977.

Bosch, David J. "The Structure of Mission: An Exposition of Matthew 28:16-20." *Exploring Church Growth*. Wilbert R. Shenk 편집. Grand Rapids, MI: Wm. B. Eerdmans Publishing Co., 1983.

Bruce, F. F. *The Book of Acts*, 14쇄. Grand Rapids, MI: Wm. B. Eerdmans Publishing Co., 1979.

Bush, George. *Commentary on Exodus*. Grand Rapids, MI: Kregal Publications, 1993.

Buttrick, George Arthur 편집. *The Interpreter's Bible,* 제8권. *The Gospel according to St. John*. Nashville, TN: Abingdon Press, 1952.

Calvin, John. *Commentary upon the Acts of the Apostles,* 제1권. *Calvin's Commentaries*, 제18권. Edinburgh: Calvin Trans- lation Society, 1843; reprint; Grand Rapids, MI: Baker Book House Co., 1993.

Clarke, Adam. *Commentary on the Holy Bible*, 5쇄. Grand Rapids, MI: Baker Book House, 1971.

Cocoris, G. Michael. *Evangelism: A Biblical Approach*. Chicago: Moody Press, 1984.

Coleman, Robert E. "The Affirmation of the Great Commission."

Journal of the Academy for Evangelism in Theological Education, 제6권. (1990-1991).

_____. *The Master Plan of Evangelism*, 13쇄. Old Tappan, NJ: Fleming H. Revell Co., 1973.

Cowen, Gerald. *Salvation: Word Studies from the Greek New Testament*. Nashville, TN: Broadman Press, 1990.

Cranfield, C. E. B. *The Gospel according to St. Mark. The Cambridge Greek Testament Commentary*, 10쇄. C. F. D. Moule 편집. Cambridge: Cambridge University Press, 1994.

Davies, John Arthur. "A Royal Priesthood: Literary and Inter-textual Perspectives on an Image of Israel in Exodus 19:6." *Tyndale Bulletin*, 53 no. 1 (2002): 157-159.

Dayton, Edward R. & David A. Fraser. *Planning Strategies for World Evangelization*. Grand Rapids, MI: Wm. B. Eerdmans Publishing Co., 1980.

Dozeman, Thomas B. "Spatial Form in Exodus 19:1-8a and in the Larger Sinai Narrative." *Semeia*, no. 46 (1989): 87- 101.

Durham, John I. *Exodus. Word Biblical Commentary*, 제3권. Bruce M. Metzger 편집. Waco, TX: Word Books, Pub- lishers, 1987.

Farmer, William R. *The Last Twelve Verses of Mark*. London: Cambridge University Press, 1974.

Gentry, Kenneth L. Jr., *The Greatness of the Great Commission*. Tyler, TX: Institute for Christian Economics, 1990.

Gooding, David. *True to the Faith: A Fresh Approach to the Acts of the Apostles*, 2쇄. London: Hodder & Stoughton, 1991.

Green, Michael. *Evangelism in the Early Church*, 4쇄. Grand Rapids, MI: Wm. B. Eerdmans Publishing Co., 1977.

Hadidian, Allen. *Successful Discipling*, 2쇄. Chicago: Moody Press, 1979.

Hagner, Donald A. *Matthew 14-28. Word Biblical Commentary*, 제 33a권. Bruce M. Metzger 편집. Dallas, TX: Word Books, Publisher, 1995.

Haqq, Akbar. "The Evangelist's Call to Conversion." *The Work of an Evangelist.* Minneapolis, MN: World Wide Publications, 1984.

Hoekema, Anthony A. *Saved by Faith.* Grand Rapids, MI: Wm. B. Eerdmans Publishing Co., 1986.

_____. *Saved by Grace.* Grand Rapids, MI: Wm. B. Eerdmans Publishing Co., 1989.

Hoekendijk, J. C. "The Call to Evangelism." *Eye of the Storm: The Great Debate in Mission.* Donald McGavran 편집. Waco, TX: Word Books, Publisher, 1972.

Hoffmann, Oswald C. J. "The Work of the Holy Spirit in Acts." *One Race, One Gospel, One Task*, 제1권. Carl F. H. Henry & W. Stanley Mooneyham 편집. Minneapolis, MN: World Wide Publications, 1967.

Houtman, Cornelis. *Exodus 7:14—19:25*, 제2권. Sierd Woudstra 옮김. Kampen, the Netherlands: Kok Publishing House, 1996.

Jacob, Benno. *The Second Book of the Bible: Exodus.* Walter Jacob 옮김. Hoboken, NJ: Ktav Publishing House, Inc., 1992.

Josephus, Flavius. *The Works of Flavius Josephus: Antiquities of the Jews: A History of the Jewish Wars.* William Whiston 옮김. Philadelphia, PA: David McKay, Publisher, n.d.

Keil, Johann Karl & Fridrick Delitzsch. *Keil & Delitzsch Old Testament Commentaries*, 제1권. Grand Rapids, MI: AP & A,

1949.

Kittel, Gerhard 편집. *Theological Dictionary of the New Testament*, 제3권, 9쇄. Geoffrey W. Bromiley 옮김. Grand Rapids, MI: Wm. B. Eerdmans Publishing Co., 1979.

_____. *Theological Dictionary of the New Testament*, 제4권, 2쇄. Geoffrey W. Bromiley 옮김. Grand Rapids, MI: Wm. B. Eerdmans Publishing Co., 1979.

_____ & Friedrich Kittel 편집. *Theological Dictionary of the New Testament*, 제6권, 8쇄. Geoffrey W. Bromiley 옮김. Grand Rapids, MI: Wm. B. Eerdmans Publishing Co., 1979.

Kruse, Heinz. "Exodus 19:5 and the Mission of Israel." *The Northeast Asia Journal of Theology.* (March/September, 1998): 129-135.

Kyssar, Robert. *Augsburg Commentary on the New Testament.* Minneapolis, MN: Augsburg Publishing House, 1986.

Larsson, Göran. *Bound for Freedom.* Peabody, MA: Hendrickson Publishers, 1999.

Lenski, R. C. H. *The Interpretation of St. John's Gospel.* Minneapolis, MN: Augsburg Publishing House, 1943.

_____. *The Interpretation of St. Luke's Gospel.* Minneapolis, MN: Augsburg Publishing House, 1946.

_____. *The Interpretation of St. Mark's Gospel.* Minneapolis, MN: Augsburg Publishing House, 1964.

_____. *The Interpretation of the Acts of the Apostles.* Minneapolis, MN: Augsburg Publishing Hosue, 1961.

Lightfoot, John. *Luke—John. A Commentary on the New Testament from the Talmud and Hebraica Matthew—1 Corinthians*, 제3권, 2쇄. London: Oxford University Press, 1859;

reprint, Peabody, MA: Hendrickson Publishers, Inc., 1995.

Morris, Leon. *The New International Commentary on the New Testament: The Gospel according to John*, 4쇄. Grand Rapids, MI: Wm. B. Eerdmans Publishing Co., 1977.

Nolland, John. *Luke 18:35-24:53. Word Biblical Commentary*, 제 35c권. David A. Hubbard & Glenn W. Barker 편집. Dallas, TX: Word Books, Publisher, 1993.

Orr, J. Edwin. *My All, His All*. Wheaton, IL: International Awakening Press, 1989.

Osei-Mensah, Gottfried. "The Evangelist and the Great Commission." *The Calling of an Evangelist*. J. D. Douglas 편집. Minneapolis, MN: World Wide Publications, 1987.

Pentecost, J. Dwight. *Design for Discipleship*, 9쇄. Grand Rapids, MI: Zondervan Publishing House, 1977.

Pink, Arthur W. *Gleanings in Exodus*. Chicago: Moody Press, 1973.

Plummer, Alfred. *A Critical & Exegetical Commentary on the Gospel according to St. Luke*, 5쇄. Edinburgh: T. & T. Clark Ltd., 1977.

Ramm, Bernard. *Protestant Christian Evidences*, 17쇄. Chicago: Moody Press, 1977.

Reynolds, H. R. *The Gospel of St. John. The Pulpit Commentary*, 제17권, 4쇄. H. D. M. Spence & Joseph S. Exell 편집. Grand Rapids, MI: Wm. B. Eerdmans Publishing Co., 1962.

Ryle, John Charles. *St. Mark. Expository Thoughts on the Gospels*. Exeter, Great Britain: James Clarke & Co. Ltd., 1955.

Sanner, A. Elwood. *Mark. Beacon Bible Commentary*, 제6권. A. F. Harper 편집. Kansas City, MO: Beacon Hill Press of Kansas City, 1964.

Sarna, Nahum M. *Exodus. The JPS Torah Commentary.* Nahum
M. Sarna 편집. Jerusalem: The Jewish Publication
Society, 1991.

Seamands, John T. *Harvest of Humanity: The Church's Mission
in Changing Times.* Wheaton, IL: Victor Books, 1988.

Sedgwick, Obadiah. *The Doubting Believer.* Pittsburgh, PA: Soli
Deo Gloria Publications, 1993.

Sheriffs, Deryck. "Moving on with God: Key Motifs in Exodus
13-20." *Theomelios* no. 15 (Jan./Feb., 1998): 49-60.

Stebbins, Tom. *Evangelism by the Book.* Camp Hill, PA: Chris-
tian Publications, 1991.

Stedman, Ray C. *Birth of Body.* Santa Ana, CA: Vision House
Publishers, 1974.

Stott, John R. W. "The Great Commission." *One Race, One Gos-
pel, One Task,* 제1권. Carl F. H. Henry & W. Stanley
Mooneyham 편집. Minneapolis, MN: World Wide Publi-
cations, 1967.

_____. *The Spirit, The Church, and the World: The Message
of Acts.* Downers Grove, IL: InterVarsity Press, 1990.

Tasker, R. V. G. *Tyndale New Testament Commentaries. John,* 2
쇄. Leicester, England: InterVarsity Press, 1983.

Thomas, David. *Acts of the Apostles: Expository & Homiletical
Commentary.* Grand Rapids, MI: Kregal Publications,
1980.

Towns, Elmer L. 편집. *A Practical Encyclopedia: Evangelism and
Church Growth.* Ventura, CA: Regal Books, 1995.

Verkuyl, Johannes. "The Biblical Foundation for the Worldwide
Mission Mandate." *Perspectives on the World Christian
Movement: A Reader.* Ralph D. Winter & Steven C.

Hawthorne 편집. Pasadena, CA: William Carey Library, 1981.

Wesley, John. *John Wesley's Commentary on the Bible.* G. Roger Schoenhals 편집. Grand Rapids, MI: Francis Asbury Press, 1990.

Wiersbe, Warren W. *Be Delivered: Finding Freedom by Following God.* Colorado Springs, CO: Chariot Victor Publishing, 1998.

Wiley, Orton. *Christian Theology,* 제2권. Kansas City, MO: Beacon Hill Press, 1952.

Wolff, Richard. *Israel Act III: The Bible and the Mideast.* Wheaton, IL: Tyndale House, Publishers, 1967.

기스펜, W. H.『출애굽기』.『반즈 신구약 성경주석』. 최종태 역. 서울: 크리스챤서적, 1989.

벵겔, J. A.『벵겔 신약주석 요한복음』(하). 서문강 역. 서울: 도서출판 로고스, 1992.

보이스, 제임스 몽고메리.『요한복음 강해』(V). 서문강 옮김. 경기도: 도서출판 쉴만한물가, 1989.

콜만, 로버트. "지상명령을 실천하는 생활양식."『오늘의 전도, 어떻게 볼 것인가?』. 로버트 콜만 편집. 임태순 옮김. 서울: 죠이선교회 출판부, 1993.

_____.『주님의 전도계획』. 홍성철 옮김. 서울: 생명의 말씀사, 1979.

포드, 레이튼.『사귀는 전도, 나누는 전도』. 이숙희 옮김. 서울: 죠이선교 회출판부, 1989.

헤세드 종합자료 시리즈 편찬위원회.『헤세드』, 제2권. 경기도: 임마누 엘출판사, 1986.

헨드릭슨, 윌리엄.『요한복음』(하). 유영기 옮김. 서울: 아가페출판사, 1983.

박수암.『마가복음』.『성서주석』, 제32권. 서울: 대한기독교서회, 1993.

이상근.『신약성서주해: 요한복음』, 21쇄. 서울: 대한예수교장로회 총회
　　　교육부, 1990.

홍성철. "회심의 조감도."『회심 거듭남의 의미와 적용』. 홍성철 편저.
　　　서울: 도서출판 세복, 2003.

_____.『불타는 전도자 존 웨슬리』. 서울: 도서출판 세복, 1999.

_____.『이렇게 예수 그리스도의 제자가 되자』. 서울: 도서출판 세
　　　복, 2004.

_____.『현대인을 위한 복음전도의 성경적 모델』. 서울: 도서출판 세
　　　복, 2002.

_____. "전도학."『복음주의 실천신학개론』. 복음주의 실천신학회
　　　편집, 3쇄. 서울: 도서출판 세복, 2002.

_____ 편저.『회심』, 2쇄. 서울: 도서출판 세복, 1995.

성경 색인

요한복음

사도행전

도서출판 세 복 의 발간 도서

QT를 위한 묵상집

날마다 솟는 샘
존 T. 시먼즈 지음 / 이영기 옮김 / 크라운판 (양장본) / 초판 1쇄 / 378쪽 / 12,000원
사복음서에 나타난 예수님의 삶과 가르침을 통하여 일 년 동안 큐티를 위한 매일의 영적 양식으로, 독자의 영적 삶을 풍성하게 해 주는 책.

하나님의 임재를 연습하라
로렌스 형제 지음 / 스티브 트락셀 편집 / 류명욱 옮김 / 신국판 / 초판 2쇄 / 172쪽 / 6,500원
일상 생활 속에서 하나님을 사랑하라는 명령을 실천하는 것이 무엇인가를 보여 주어 하나님의 임재 안에서 사는 법을 훈련할 수 있는 명저.

새신자 및 초신자에게 추천할 책

나는 어떻게 예수님을 만났는가?
홍성철 편집 / 신국판 / 초판 1쇄, 개정판 9쇄 / 328쪽 / 7,000원
각계 각층에서 그리스도의 향기를 진하게 풍기고 있는 21명의 신앙 고백으로, 새신자 및 전도용 선물로 최적인 책.

당신의 생애도 변화될 수 있다
알란 워커 지음 / 홍성철 옮김 / 신국판 / 초판 2쇄 / 104쪽 / 4,000원
삶의 목적과 변화를 원하는 모든 현대인들에게 예수 그리스도가 제공하는 구원의 은혜로 변화된 생애를 살 수 있도록 도전하고 길잡이 역할을 할 명저.

첫 걸음부터 주님과 함께
션 던 지음 / 전현주 옮김 / 신국판 / 초판 2쇄 / 115쪽 / 3,500원
반복되는 일시적인 결단의 공허함을 극복할 수 있는 원리를 제시하며, 그 원리를 삶에 적용할 때 믿음의 진보와 주님과 하나 되는 매일의 삶으로 인도하는 책.

목회자를 위한 강해 설교집

고난 중에도 기뻐하라 (빌립보서 강해 설교)
홍성철 지음 / 신국판 / 초판 2쇄 / 506쪽 / 10,000원
고난 중에도 기뻐할 수 있는 사도 바울의 비결을 성경적으로 파헤치고, 목회적으로 제시한 41편의 강해 설교집.

눈물로 빚어 낸 기쁨 (룻기 강해)
홍성철 지음 / 신국판 / 초판 1쇄 / 182쪽 / 6,000원
룻기에 감겨진 아름다운 이야기를 새로운 각도로 접근하여 전개한 강해집.

시편 강해 (I-IV)
강선영 지음 / 신국판 (양장본) / 초판 1쇄 / 550쪽 / 권당 15,000원
저자가 4년여 동안 시편 전체를 연구하며 설교한 것을 정리하여 펴낸 강해 설교집.

심령의 호소를 들으시는 하나님 (시편 강해 1-23편)
이태웅 지음 / 신국판 / 초판 1쇄 / 304쪽 / 7,500원
시편을 기록한 지 수천 년이 지났으나, 시편 기자들이 경험한 변함없는 하나님의
실재와 냉험한 현실 사이에서 의에 주리고 목말라하는 사람에게 한 모금의 냉수와
같은 책.

알기 쉬운 히브리서 (히브리서 강해)
네일 라이트푸트 지음 / 홍성철 옮김 / 신국판 / 초판 1쇄 / 244쪽 / 7,500원
대제사장이요 단번에 드려진 속죄물이신 예수 그리스도를 소개하여 모든 그리스
도인들의 신앙을 깊게 하며 예수 그리스도를 깊이 만나게 하는 명저.

요한복음 강해 (I-IV)
강선영 지음 / 신국판 (양장본) / 초판 1쇄 / 590쪽 / 권당 12,000원
저자가 6년여 동안 요한복음을 연구하며 설교한 것을 정리하여 펴낸 강해 설교집.

우리에게 일용할 양식을 주소서 (주기도문 강해 설교)
홍성철 지음 / 신국판 / 초판 2쇄 / 228쪽 / 6,000원
주기도문에 나타난 하나님의 영광과 모든 그리스도인의 필요를 깊이 조명시켜 주
는 강해 설교집.

교역자 및 지도자에게 추천할 책

가정교회   21세기 목회의 새로운 대안
박승로 지음 / 신국판 / 초판 1쇄 / 214쪽 / 7,500원
교회 성장을 위하여 소그룹의 특성을 살리며 살아 있는 교회의 세포인 "교회 안의
작은 교회"의 가정교회의 사례 연구와 교회 갱신의 전략으로서 구체적인 방향을
제시한 책.

목회자의 자기 관리
로이 오스왈드 지음 / 김종환 옮김 / 신국판 / 초판 2쇄 / 276쪽 / 7,000원
자기 관리에 게으르거나 무관심한 그리스도인이 어떻게 자기 관리를 해야 하는지
구체적으로 제시하는 책.

복음주의 실천신학개론
복음주의 실천신학회 편 / 신국판(양장본) / 초판 11쇄 / 430쪽 / 20,000원
한국 교회의 목회자와 그리스도인들에게 신학의 복음주의적인 안목을 갖게 함으
로 목회 현장을 더욱 풍요롭게 하는 지침서.

불타는 전도자 존 웨슬리
홍성철 지음 / 신국판 (양장본) / 초판 3쇄 / 344쪽 / 10,000원
존 웨슬리가 어떻게 불타는 전도자가 될 수 있었는지를 제시하여, 현대 그리스도인들도 불타는 전도자가 되도록 인도해 주는 책.

성령 안에서 설교하라
데니스 F. 킨로 지음 / 홍성철 옮김 / 신국판 / 초판 3쇄 / 176쪽 / 4,500원
방법과 기교를 강조하는 현대 설교에서 성령의 임재를 회복할 수 있는 설교의 원리와 방법을 분명하게 제시하는 책.

영혼을 돌보는 목자
캐롤 와이즈, 존 힝클 지음 / 이기승 옮김 / 신국판 / 초판 1쇄 / 248쪽 / 6,500원
잠재력이 있는 영혼들을 돌보는 사역을 감당하고자 하는 목사, 전도사, 평신도 지도자, 구역장 등에게 안내자 역할을 하는 책.

웨슬리안 조직신학
오톤 와일리, 폴 컬벗슨 지음 / 전성용 옮김 / 신국판 / 초판 1쇄 / 570쪽 / 20,000원
신학의 기초 과정을 위한 교과서일 뿐만 아니라, 평신도들이 사용할 수 있도록 간략하면서도 체계를 갖춘 기독교 교리를 제시한 신학의 고전.

이렇게 예수 그리스도의 제자가 되자
홍성철 지음 / 신국판 / 초판 1쇄 / 238쪽 / 7,000원
예수 그리스도처럼 제자 훈련의 모범과 성공을 이룬 사람은 일찍이 없었다. 그분의 훈련 방법과 원리가 무엇인지에 대한 해답을 성경적으로 명쾌하게 제시한 책.

평신도에게 추천할 책

기적을 만드는 사람들
워렌 위어스비 지음 / 구교환 옮김 / 신국판 / 초판 1쇄 / 182쪽 / 6,000원
사도로 변화된 베드로의 이야기를 통해 현대의 그리스도인들이 하나님의 기적을 만들며 살아가도록 도전하는 책

너희는 나를 누구라 하느냐?
존 T. 시먼즈 지음 / 홍성철 옮김 / 신국판 / 초판 1쇄 / 198쪽 / 6,500원
예수님의 인격과 비유와 기적을 통해 "너희는 나를 누구라 하느냐?"에 대한 질문을 신학적으로나 신앙적으로 명쾌하게 제시한 책.

십자가 앞에서
리차드 바우크햄, 트레보 하트 지음 / 김동욱 옮김 / 신국판 / 초판 1쇄 / 156쪽 / 5,000원
십자가 앞에 서 있던 열한 명의 삶의 관점에서 십자가를 묵상하므로 우리의 삶을 깊이 있게 변화시켜 줄 것을 기대할 수 있는 책.

그리스도의 마음
데니스 킨로 지음 / 홍성철 옮김 / 신국판 / 초판 1쇄 / 188쪽 / 6,000원
성령이 믿는 자에게 주시는 "그리스도의 마음"이 의미하는 바가 무엇인지 잘 설명해 주는 책.

당신의 인생을 다시 시작하라
데일 겔러웨이 지음 / 류선욱 옮김 / 신국판 / 초판 1쇄 / 202쪽 / 6,500원
인생에서 위기를 당하거나 상처를 입었을 때 어떻게 극복할 수 있는지 저자 자신의 경험을 통해 새롭게 일어날 수 있는 길을 감동적으로 조명해 주는 책.

상처난 아버지와의 관계 회복
제임스 L. 쉘러 지음 / 이기승 옮김 / 신국판 / 초판 2쇄 / 272쪽 / 8,000원
인생의 풀리지 않는 아버지와의 문제들이 무엇이며 그것을 어떻게 다루어야 할지, 더 나아가 하나님 아버지께로 인도하는 책.

성결의 아름다움
베인즈 에트킨슨 지음 / 홍성국 옮김 / 신국판 / 초판 1쇄 / 184쪽 / 5,500원
성결이라는 성경적 진리의 핵심에 직면하여 마음의 감동과 함께 성결하게 되는 것을 체험하도록 인도해 주는 책.

성령과 동행하라
스티븐 하퍼 지음 / 홍성철 옮김 / 신국판 / 초판 3쇄 / 224쪽 / 5,500원
기독교 영성이 무엇이며, 또 어떻게 그 영성을 체험하고 유지할 수 있는지에 대한 좋은 안내자가 되는 책.

성령님, 나를 변화시켜 주세요 그리고 사용하여 주세요
커리 매비스 지음 / 홍성철 옮김 / 신국판 / 초판 1쇄 / 180쪽 / 5,500원
분노와 죄의식 등 감정의 문제들이 어떻게 성령의 역사로 변화되어 성장할 수 있고, 주님께 쓰임받을 수 있는가를 제시하는 책.

성령의 충만을 받으라
존 T. 시먼즈 지음 / 홍성철 옮김 / 신국판 / 재판 4쇄 / 152쪽 / 4,000원
성령의 충만과 능력을 갈구하는 모든 그리스도인에게 그 방법을 단계적으로 제시한 책.

잃어버린 퍼스낼리티를 찾아서
최병전 지음 / 신국판 / 초판 1쇄, 개정판 1쇄 / 206쪽 / 5,000원
구원은 받았지만 인격의 상처는 개인과 가정과 교회와 사회에 문제를 일으키는 것을 진단하고 해결의 실마리를 제시하는 책.

자살을 애도하며
알버트 쉬 지음 / 전현주 옮김 / 신국판 / 초판 1쇄 / 262쪽 / 7,500원
사랑하는 사람의 자살이 있은 후 남겨진 자살 생존자들을 돕는 안내서이며, 자살을 예방할 수 있도록 돕는 책.

최후의 승리
어네스트 젠타일 지음 / 이혜숙 옮김 / 신국판 (양장본) / 초판 1쇄 / 398쪽 / 15,000원
예수님의 영광스러운 재림이 어떠할 것인지를 알려 주고, 영적으로 깨어서 기쁨으로 준비할 수 있게 할 역작.

현대인을 위한 존 웨슬리의 메시지
스티븐 하퍼 지음 / 김석천 옮김 / 신국판 / 초판 2쇄 / 168쪽 / 5,000원
존 웨슬리의 메시지를 현대인을 위해 재해석한 책으로, 현대의 그리스도인들에게 빛과 방향을 제시해 주는 책.

전도 및 선교를 위한 안내서

서로 사랑하자 성경적 복음전도의 모형
진 게츠 지음 / 하도균 옮김 / 신국판 / 초판 1쇄 / 228쪽 / 7,000원
사랑의 동기로 시작하는 복음전도에서 그리스도인들이 사랑으로 하나됨을 통해 사람들을 그리스도께로 인도할 구체적인 방법을 안내하는 베스트 셀러 작가 진 게츠의 명저.

주님의 지상명령 성경적 의미와 적용
홍성철 지음 / 신국판 / 초판 3쇄 / 218쪽 / 14,000원
주님의 지상명령이 함축하고 있는 의미를 깊이 조명하여 그리스도인들로 하여금 그 명령에 보다 확실히 순종할 수 있게 할 저자가 심혈을 기울인 책.

타문화권 복음 전달의 원리와 적용
존 T. 시먼즈 지음 / 홍성철 옮김 / 신국판 / 초판 3쇄, 2판 2쇄 / 342쪽 / 8,000원
복음과 타종교와의 관계 및 복음 전달의 원리와 방법을 깊게 다루어 복음 전달의 이론적 인도자가 되는 명저.

현대인을 위한 복음전도의 성경적 모델
홍성철 지음 / 신국판 / 초판 1쇄 / 320쪽 / 10,000원
복음적인 안목으로 성경에 접근하고자 하는 그리스도인과 복음전도 지향적인 설교를 준비하는 사역자를 위해 길잡이 역할을 할 명저.

회심 거듭남의 의미와 적용
홍성철 편집 / 신국판 / 초판 2쇄, 개정판 2쇄 / 224쪽 / 6,000원
기독교에서 가장 핵심적 교리인 "회심"의 문제를 신학적, 경험적, 적용적으로 이 분야의 권위자들이 다룬 9편의 글.

그룹 교재로 활용할 수 있는 책

그리스도인의 문제들 어떻게 극복할 것인가?
맥시 더남 지음 / 하도균 옮김 / 신국판 / 초판 1쇄 / 264쪽 / 7,000원
그리스도인이 매일의 삶 속에 당면하는 문제들을 어떻게 대처하고 극복해 나갈
수 있는지 안내하는 책.

성령의 열매와 생활
맥시 더남, 킴벌리 더남 레이스먼 지음 / 박재승 옮김 / 신국판 / 초판 1쇄 / 270쪽 / 7,000원
그리스도인의 믿음을 강화시켜 줄 재료로 일곱 가지 기본 덕목을 제시하며, 하나
님이 창조하신 대로 선한 자가 되어, 그리스도인을 성령의 열매를 맺는 생활로 안
내하는 책.

영적 훈련
맥시 더남 지음 / 이연승 옮김 / 신국판 / 초판 1쇄 / 230쪽 / 7,000원
승리하는 그리스도인의 삶을 형성하기 위한 훈련 과정의 워크북으로, 개인적인 묵
상뿐만 아니라 소그룹에서 사용할 수 있는 훈련 교재로도 적합한 책.

예수님처럼 사랑하자
맥시 더남 지음 / 류명욱 옮김 / 신국판 / 초판 1쇄 / 202쪽 / 7,000원
사도 바울의 사랑장인 고린도전서 13장의 내용을 구체적으로 파악할 수 있고, 독
자로 하여금 사랑할 수 있는 구체적인 사랑의 길로 인도하는 책.

죽음에 이르는 죄 어떻게 극복할 것인가
맥시 더남, 킴벌리 더남 레이스먼 지음 / 서대인 옮김 / 신국판 / 초판 1쇄 / 288쪽 / 7,000원
피할 수 없는 일곱 가지 죄가 우리의 삶에 어떻게 나타나며, 이러한 죄를 다루는
방법을 제시하여 죄를 극복하게 하는 책.

중보기도
맥시 더남 지음 / 구교환 옮김 / 신국판 / 초판 1쇄 / 266쪽 / 7,000원
본서는 중보기도의 이해를 도울 뿐만 아니라, 개인이나 그룹이 중보기도를 실제로
하게 하기 위한 구체적이고 실제적인 지침서.

그리스도인들의 신앙 고백 / 전기

거룩한 삶을 산 믿음의 영웅들
웨슬리 듀웰 지음 / 홍성철 옮김 / 신국판 / 초판 1쇄 / 312쪽 / 8,000원
거듭난 후 성령으로 충만함을 받은 경험을 하고 하나님이 사용하신 믿음의 영웅들
열네 명의 전기집.

나는 어떻게 예수님을 만났는가?

홍성철 편집 / 신국판 / 초판 1쇄, 개정판 9쇄 / 328쪽 / 7,000원

각계 각층에서 그리스도의 향기를 진하게 풍기고 있는 21명의 진솔한 신앙의 고백을 기록한 책.

사망의 골짜기를 지날지라도

볼레터 스틸 크럼리 지음 / 유정순 옮김 / 신국판 / 초판 1쇄 / 158쪽 / 4,500원

말로 다 표현할 수 없는 인간의 비극 가운데서 하나님의 평강을 발견한 저자의 믿음과 용기에 관한 능력 있는 체험적인 이야기.

수잔나　존 웨슬리의 어머니

아놀드 댈리모어 지음 / 김석천 옮김 / 신국판 / 초판 3쇄 / 230쪽 / 9,000원

존과 찰스 웨슬리의 어머니 수잔나의 경건의 모범, 자녀 교육과 양육, 고난과 어려움을 이겨 풍성한 영적 유산을 남겨 준 이야기.

위대한 그리스도인들은 어떻게 성령의 충만을 받았는가

제임스 로슨 지음 / 홍성철 옮김 / 신국판 / 초판 2쇄 / 298쪽 / 7,000원

하나님의 장중에 사로잡혀 위대하게 살았던 20명의 감동적인 성령 충만의 체험담을 기록해 놓은 책.

존 웨슬리　그의 생애와 신학

로버트 G. 터틀 2세 지음 / 김석천 옮김 / 신국판 / 초판 1쇄 / 480쪽 / 13,000원

하나님께 전적으로 헌신하며 살았던 존 웨슬리의 이야기를 통해 독자를 예수 그리스도의 충만한 믿음으로 인도하는 책.

하나님과 함께 한 스탠리 탬의 놀라운 모험

스탠리 탬 지음 / 류선욱 옮김 / 신국판 / 초판 1쇄 / 334쪽 / 9,000원

하나님의 주권을 인정할 때 얼마나 놀라운 모험을 할 수 있으며, 무엇보다도 영혼을 구원하는 일에 하나님의 동역자가 될 수 있음을 체험적으로 보여 준 책.

하나님의 회초리　능력을 위한 사랑의 매

스탠리 탬 지음 / 성미영 옮김 / 신국판 / 초판 2쇄 / 234쪽 / 10,000원

어떻게 하나님의 능력을 갖게 되고, 기도의 응답을 받으며, 매일 당면하는 문제를 초월하여 승리하고, 열매 맺는 삶을 누릴 수 있는지를 체험적으로 쓴 책.

영어권 독자에게 추천할 책

How I Met Jesus

John Sung-Chul Hong 편집 / 신국판 / 초판 1쇄 / 296쪽 / $9.99 (10,000원)

『나는 어떻게 예수님을 만났는가?』의 영어판. 한국 평신도 남녀 각 5인, 한국 복사 5인 및 외국인 5인의 신앙 고백.